ALABAMA

WORD SEARCH 1

Find the words in the grid. Words can go horizontally, vertically and diagonally in all eight directions.

```
M  K  D  K  Z  R  R  C  T  G  R  E  E  N  V  I  L  L  E  N
E  P  E  L  L  I  V  S  R  E  T  N  U  G  X  Y  K  R  C  V
L  R  M  E  S  I  R  P  R  E  T  N  E  J  C  G  K  C  J  R
L  I  O  D  W  L  K  R  N  P  M  O  N  T  G  O  M  E  R  Y
I  C  P  L  A  V  R  E  N  L  M  A  G  U  A  C  A  L  Y  S
V  H  O  E  S  N  E  E  T  R  E  M  E  S  S  E  B  K  A  A
S  A  L  I  A  K  D  G  E  A  Y  T  M  B  F  Q  M  M  I  N
T  R  I  F  K  V  N  E  C  U  L  L  M  A  N  L  L  S  T  K
N  D  S  F  C  L  A  K  N  X  Y  L  Q  V  N  E  U  R  Q  H
U  X  Z  E  I  Q  X  S  E  K  Q  T  A  N  S  L  O  N  P  K
H  M  D  H  H  J  E  U  R  J  L  D  O  D  A  Y  E  J  D  M
A  R  A  S  C  A  L  T  O  X  A  T  E  D  E  D  B  O  M  V
F  L  Y  H  U  A  A  T  L  F  N  S  N  C  S  G  T  Q  D  H
H  Z  U  B  G  M  T  N  F  A  K  A  P  D  A  H  A  R  R  M
M  K  U  A  O  N  H  H  L  J  F  G  A  E  A  T  Q  Y  A  A
R  R  R  B  F  C  I  C  E  B  X  G  R  N  R  D  U  W  T  R
N  D  I  A  W  U  T  M  A  N  N  I  S  T  O  N  K  R  M  I
R  L  P  W  Z  F  E  J  R  R  S  R  K  K  L  L  K  R  O  O
E  M  C  N  K  O  Z  M  K  I  T  N  D  C  T  T  X  M  R  N
K  A  K  I  L  E  P  O  R  O  B  S  T  T  O  C  S  W  E  J
```

ALEXANDER	CLANTON	GREENVILLE	PRICHARD
ANDALUSIA	CULLMAN	GUNTERSVILLE	SCOTTSBORO
ANNISTON	DECATUR	HUNTSVILLE	SELMA
ATHENS	DEMOPOLIS	JASPER	SHEFFIELD
ATMORE	DOTHAN	MARION	SYLACAUGA
AUBURN	ENTERPRISE	MOBILE	TALLADEGA
BESSEMER	EUFAULA	MONTGOMERY	TROY
BIRMINGHAM	FLORENCE	OPELIKA	TUSKEGEE
CHICKASAW	GADSDEN	OZARK	

WORD SEARCH 2

Find the words in the grid. Words can go horizontally, vertically and diagonally in all eight directions.

```
T Y N H G R E E N V I L L E Y A A N Y A
U O R A V M V Q B M E L I B O M T B R G
S R H E T C B A K I L E P O L L M L M U
C O L M M H N P R I C H A R D E O T T A
U B M J A O E A N N I S T O N S R N L C
M S R E A H G N C U L L M A N Y E D V A
B T E L B S G T S Y T R Y C W A C M A L
I T D L N D P N N K V D V K I D N U Q Y
A O N I Z W E E I O F H T S C E B Q P S
E C A V D A X C R M M G U G D U D G X H
C S X S E S L T A P R L Y S R L Z M U E
N H E R M A T U B T A I D N E M D N E N
E G L E O K M H A D U A B I F O T G O H
R T A T P C J M N F G R F H T S E T B R
O M M N O I T A N T U F L H V K N Z R T
L A B U L H R K L K E E A I S A T L Z Q
F R X G I C R M L H B N L U L W F R R B
M I M J S A Q K S M J L T C P T L M O R
W O N K Z J K R E M E S S E B T H N L Y
L N M O M W F Y R E S I R P R E T N E B
```

ALEXANDER	CLANTON	GREENVILLE	PRICHARD
ANDALUSIA	CULLMAN	GUNTERSVILLE	SCOTTSBORO
ANNISTON	DECATUR	HUNTSVILLE	SELMA
ATHENS	DEMOPOLIS	JASPER	SHEFFIELD
ATMORE	DOTHAN	MARION	SYLACAUGA
AUBURN	ENTERPRISE	MOBILE	TROY
BESSEMER	EUFAULA	MONTGOMERY	TUSCUMBIA
BIRMINGHAM	FLORENCE	OPELIKA	TUSKEGEE
CHICKASAW	GADSDEN	OZARK	

WORD SEARCH 3

Find the words in the grid. Words can go horizontally, vertically and diagonally in all eight directions.

```
B  P  E  S  I  R  P  R  E  T  N  E  J  R  R  B  K  K  F
W  E  N  A  G  U  N  T  E  R  S  V  I  L  L  E  Y  Q  M  F
A  L  X  G  X  D  B  D  K  P  R  I  C  H  A  R  D  Y  G  D
S  L  D  E  Q  D  M  O  N  T  G  O  M  E  R  Y  K  Q  T  N
A  I  E  D  A  G  Y  C  L  S  C  O  T  T  S  B  O  R  O  T
K  V  M  A  T  A  G  R  E  M  E  S  S  E  B  G  O  T  R  U
C  S  O  L  M  D  M  Q  Q  Q  T  L  N  W  G  Y  N  U  E  S
I  T  P  L  O  S  K  A  N  N  I  S  T  O  N  A  M  S  D  C
H  N  O  A  R  D  T  N  H  E  H  Z  T  M  L  N  M  K  N  A
C  U  L  T  E  E  T  T  L  G  A  C  T  C  M  Z  Z  E  A  L
S  H  I  C  J  N  T  L  L  U  N  D  A  D  J  C  B  G  X  O
Y  R  S  E  K  T  I  F  B  M  A  I  A  K  E  A  V  E  E  O
L  L  Y  C  L  V  C  U  A  Q  S  L  M  T  I  C  S  E  L  S
A  P  N  N  N  K  R  R  Y  U  J  K  U  R  H  L  A  P  A  A
C  J  L  E  P  N  I  T  L  T  R  D  S  A  I  E  E  T  E  Q
A  C  E  R  P  O  Z  A  B  A  O  F  K  E  F  B  N  P  U  R
U  R  J  O  N  J  D  N  Z  T  M  W  B  Z  L  U  W  S  O  R
G  R  V  L  L  N  K  O  H  E  L  I  B  O  M  M  E  Q  J  Q
A  R  L  F  A  T  Q  A  N  N  M  C  U  L  L  M  A  N  G  P
Z  J  D  M  C  M  N  T  D  L  E  I  F  F  E  H  S  T  V  L
```

ALEXANDER	CLANTON	GREENVILLE	PRICHARD
ANDALUSIA	CULLMAN	GUNTERSVILLE	SCOTTSBORO
ANNISTON	DECATUR	HUNTSVILLE	SELMA
ATHENS	DEMOPOLIS	JASPER	SHEFFIELD
ATMORE	DOTHAN	MARION	SYLACAUGA
AUBURN	ENTERPRISE	MOBILE	TALLADEGA
BESSEMER	EUFAULA	MONTGOMERY	TROY
BIRMINGHAM	FLORENCE	OPELIKA	TUSCALOOSA
CHICKASAW	GADSDEN	OZARK	TUSKEGEE

WORD SEARCH 4

Find the words in the grid. Words can go horizontally, vertically and diagonally in all eight directions.

```
T U S C U M B I A P N D R A H C I R P L
T F M Y T B P R K O P D V N J D K Y N X
G C W A Y N K T T L L J X A O Z A R K D
Y V B T H Y G N F E R A S A W K A N O L
R G J W B G A Z I K I P K V Q U E T K R
E U W M M L N F Y S E I M C B D H E C E
M N A R C H F I U R L W T U S A Z C L D
O T S B Y E U L M E Y U R D N G A N K N
G E A J H P A N P R S N A K B E T E D A
T R K S Z D D O T C I G L K W D M R E X
N S C Q N V A E A S M B Z Y H A O O M E
O V I A R N M L C T V E M W L L R L O L
M I H V T H O T U A H I L W F L E F P A
L L C P M O H R J A T E L I B A F Z O L
V L T C S M Y O R C F U N L B T B N L N
H E N A J S B Y F N R U R S E O V M I K
E S I R P R E T N E K M E L J D M J S N
X L F M B C F L G R E E N V I L L E P P
V C U L L M A N M A N N I S T O N C L J
M R E M E S S E B A N O I R A M L B X C
```

ALEXANDER	CLANTON	GREENVILLE	PRICHARD
ANDALUSIA	CULLMAN	GUNTERSVILLE	SELMA
ANNISTON	DECATUR	HUNTSVILLE	SHEFFIELD
ATHENS	DEMOPOLIS	JASPER	TALLADEGA
ATMORE	DOTHAN	MARION	TROY
AUBURN	ENTERPRISE	MOBILE	TUSCALOOSA
BESSEMER	EUFAULA	MONTGOMERY	TUSCUMBIA
BIRMINGHAM	FLORENCE	OPELIKA	
CHICKASAW	GADSDEN	OZARK	

WORD SEARCH 5

Find the words in the grid. Words can go horizontally, vertically and diagonally in all eight directions.

```
S  A  I  B  M  U  C  S  U  T  D  C  P  R  I  C  H  A  R  D
Y  K  A  R  A  L  K  Z  C  O  G  R  E  E  N  V  I  L  L  E
L  V  L  K  C  L  B  W  T  R  E  M  E  S  S  E  B  B  Q  D
A  A  Y  R  I  M  U  H  C  U  L  L  M  A  N  H  L  C  K  G
C  T  C  A  Z  L  A  A  T  U  S  K  E  G  E  E  R  D  U
A  M  H  F  T  N  E  N  F  N  G  N  Y  L  T  L  L  E  E  N
U  O  Y  D  R  H  O  P  F  U  T  M  M  K  L  P  L  D  M  T
G  R  W  K  P  T  E  Q  O  M  E  A  A  I  W  A  Z  N  O  E
A  E  N  R  N  N  C  N  X  F  R  U  V  F  I  W  T  A  P  R
M  V  N  A  F  Z  N  Y  S  I  B  S  J  S  V  A  Y  X  O  S
G  A  L  Z  V  X  E  L  O  U  T  R  U  A  L  R  N  E  L  V
W  C  H  O  M  P  R  N  R  N  C  L  D  L  S  E  R  L  I  I
A  X  T  G  L  B  O  N  U  L  A  D  A  G  D  P  K  A  S  L
S  D  L  K  N  R  L  H  Y  D  W  D  D  S  M  L  E  N  N  L
A  S  E  H  L  I  F  G  N  N  E  H  D  L  M  M  R  R  L  E
K  Q  E  C  Q  T  M  A  Z  G  K  A  M  C  P  Q  Y  O  R  T
C  T  L  L  A  M  R  R  A  M  G  K  E  L  I  B  O  M  M  L
I  L  R  H  M  T  E  S  I  R  P  R  E  T  N  E  D  J  P  V
H  K  J  L  H  A  U  T  B  B  A  S  O  O  L  A  C  S  U  T
C  R  L  T  X  N  N  R  T  A  N  N  I  S  T  O  N  W  T  B
```


ALEXANDER	CLANTON	GREENVILLE	SELMA
ANDALUSIA	CULLMAN	GUNTERSVILLE	SYLACAUGA
ANNISTON	DECATUR	HUNTSVILLE	TALLADEGA
ATHENS	DEMOPOLIS	JASPER	TROY
ATMORE	DOTHAN	MARION	TUSCALOOSA
AUBURN	ENTERPRISE	MOBILE	TUSCUMBIA
BESSEMER	EUFAULA	OPELIKA	TUSKEGEE
BIRMINGHAM	FLORENCE	OZARK	
CHICKASAW	GADSDEN	PRICHARD	

WORD SEARCH 6

Find the words in the grid. Words can go horizontally, vertically and diagonally in all eight
directions.

```
K  E  L  L  I  V  S  R  E  T  N  U  G  M  X  E  D  L  M  P
Z  W  A  G  B  M  O  N  T  G  O  M  E  R  Y  L  Q  D  A  R
O  A  Y  M  A  G  U  A  C  A  L  Y  S  Q  Y  L  E  E  G  I
R  S  C  M  L  K  R  E  M  E  S  S  E  B  H  I  C  M  E  C
O  A  H  N  P  E  N  V  J  T  R  H  D  L  T  V  N  O  D  H
B  K  Z  G  A  D  S  D  E  N  X  H  L  Q  R  N  E  P  A  A
S  C  E  S  I  R  P  R  E  T  N  E  T  T  E  E  R  O  L  R
T  I  M  J  N  A  N  N  I  S  T  O  N  R  D  E  O  L  L  D
T  H  M  A  L  L  G  C  U  L  L  M  A  N  N  R  L  I  A  R
O  C  A  D  R  A  G  M  N  Q  M  M  F  X  A  G  F  S  T  R
C  M  S  T  E  I  L  L  A  W  G  M  G  A  X  W  M  M  E  N
S  V  O  U  H  C  O  U  N  H  L  B  I  N  E  Q  T  P  O  O
B  B  O  S  M  E  A  N  A  W  G  S  N  A  L  M  S  T  Z  G
T  M  L  C  A  P  N  T  M  F  U  N  U  X  A  A  N  A  M  R
T  O  A  U  T  C  K  S  U  L  U  B  I  Y  J  A  R  D  X  N
X  B  C  M  M  M  T  P  A  R  U  E  O  M  L  K  O  L  Z  X
X  I  S  B  O  B  J  D  R  R  B  R  M  C  R  T  T  N  Y  K
N  L  U  I  R  Y  N  M  N  P  T  T  L  F  H  I  J  M  T  N
K  E  T  A  E  A  A  K  I  L  E  P  O  A  F  N  B  M  C  V
H  U  N  T  S  V  I  L  L  E  X  M  N  N  T  L  V  N  L  L
```

ALEXANDER	CLANTON	GREENVILLE	PRICHARD
ANDALUSIA	CULLMAN	GUNTERSVILLE	SCOTTSBORO
ANNISTON	DECATUR	HUNTSVILLE	SELMA
ATHENS	DEMOPOLIS	JASPER	SYLACAUGA
ATMORE	DOTHAN	MARION	TALLADEGA
AUBURN	ENTERPRISE	MOBILE	TROY
BESSEMER	EUFAULA	MONTGOMERY	TUSCALOOSA
BIRMINGHAM	FLORENCE	OPELIKA	TUSCUMBIA
CHICKASAW	GADSDEN	OZARK	

WORD SEARCH 7

Find the words in the grid. Words can go horizontally, vertically and diagonally in all eight directions.

```
F  G  R  E  E  N  V  I  L  L  E  K  F  M  C  X  A  T  K  Y
C  W  S  R  M  O  N  T  G  O  M  E  R  Y  T  I  J  A  P  K
N  A  R  Y  A  N  N  I  S  T  O  N  H  F  S  T  D  L  R  L
D  A  K  L  L  R  E  M  E  S  S  E  B  U  W  U  E  L  I  N
N  E  T  I  D  A  Y  C  Y  Q  Q  K  L  R  A  S  M  A  C  F
A  R  C  H  L  G  C  T  N  J  R  A  L  N  S  C  O  D  H  N
D  L  Y  A  E  E  K  A  T  Y  D  B  E  V  A  A  P  E  A  H
L  E  U  L  T  N  P  T  U  N  D  D  N  K  K  L  O  G  R  U
E  C  R  A  F  U  S  O  A  G  S  H  N  R  C  O  L  A  D  N
I  N  E  J  F  H  R  M  K  D  A  Y  G  A  I  O  I  L  N  T
F  E  D  M  B  U  X  X  A  F  T  Y  T  Z  H  S  S  O  F  S
F  R  N  K  A  A  E  G  T  N  M  V  K  O  C  A  T  R  Z  V
E  O  A  N  M  H  D  W  K  Z  O  W  T  R  T  N  X  O  H  I
H  L  X  L  K  O  G  M  Z  M  R  J  L  W  A  R  K  B  K  L
S  F  E  X  T  A  A  N  T  T  E  Z  A  L  V  N  C  S  D  L
L  S  L  H  U  R  W  R  I  L  G  N  C  S  Z  Q  B  T  Q  E
L  W  A  B  I  R  O  L  P  M  E  S  I  R  P  R  E  T  N  E
F  N  U  O  F  Y  M  N  V  Z  R  Y  G  T  W  E  Y  O  G  T
Q  R  N  G  U  N  T  E  R  S  V  I  L  L  E  W  R  C  M  X
N  C  U  L  L  M  A  N  K  E  L  I  B  O  M  W  X  S  L  Z
```

ALEXANDER	CLANTON	GREENVILLE	PRICHARD
ANDALUSIA	CULLMAN	GUNTERSVILLE	SCOTTSBORO
ANNISTON	DECATUR	HUNTSVILLE	SELMA
ATHENS	DEMOPOLIS	JASPER	SHEFFIELD
ATMORE	DOTHAN	MARION	SYLACAUGA
AUBURN	ENTERPRISE	MOBILE	TALLADEGA
BESSEMER	EUFAULA	MONTGOMERY	TROY
BIRMINGHAM	FLORENCE	OPELIKA	TUSCALOOSA
CHICKASAW	GADSDEN	OZARK	

WORD SEARCH 8

Find the words in the grid. Words can go horizontally, vertically and diagonally in all eight directions.

```
H E L L X L T R O R A C Z R K A D B H H
D C W Y M L D P K I Q D K M U R B B Z D
L N J A R Q E W S J A Y E B O H A D X R
M E J N S L R U Z Q K T U M Q B O Z T A
L R P R I A L M F T R R H W O T I N O H
J O F K T A K R V C N A L E H P O L N C
H L A K D G P C K X C R L A N I O A E I
S F Q N Q A N N I S T O N U R S M L N R
C R A F M M B A W H N R B A A L J E I P
O E S S O A I I D N C T M K L F D P R S
T D Y H N T R B K O L Y R U V S U W N N
T N L E T M M M J T F Y C O D Q H E K L
S A A F G O I U A N N V Q A Y S E L M A
B X C F O R N C S A M M G M J X Y J X N
O E A I M E G S P L G R E E N V I L L E
R L U E E K H U E C T A L L A D E G A L
O A G L R F A T R M L X R E M E S S E B
R T A D Y W M E S I R P R E T N E K J K
E L L I V S R E T N U G E E G E K S U T
J K D E C A T U R E L L I V S T N U H P
```

ALEXANDER	CLANTON	GREENVILLE	PRICHARD
ANDALUSIA	CULLMAN	GUNTERSVILLE	SCOTTSBORO
ANNISTON	DECATUR	HUNTSVILLE	SELMA
ATHENS	DEMOPOLIS	JASPER	SHEFFIELD
ATMORE	DOTHAN	MARION	SYLACAUGA
AUBURN	ENTERPRISE	MOBILE	TALLADEGA
BESSEMER	EUFAULA	MONTGOMERY	TROY
BIRMINGHAM	FLORENCE	OPELIKA	TUSCUMBIA
CHICKASAW	GADSDEN	OZARK	TUSKEGEE

WORD SEARCH 9

Find the words in the grid. Words can go horizontally, vertically and diagonally in all eight directions.

```
C G V K L D N M O N T G O M E R Y T L L
H T N N O O Z B L H X N B C U L L M A N
P K T T T U S K E G E E Y O R T L W E E
T G H N L F R E S I R P R E T N E D T C
F A A H R E L L I V S T N U H T S A B N
N L F J L S Y L A C A U G A X D L T A E
C E K C R R A N N I S T O N A L A U T R
T L G R E E N V I L L E J G A I B S S O
W L L R E M E S S E B W V D S U P C H L
L I P R I C H A R D M R E U R G T U E F
G V O Z R W N M C L Z G L N M C W M F T
D S R W E T C V A G A A W O A K C B F W
E R O M D L Y D D H D T B B R K H I I A
M E B J N A A V E N G I H A I Y Q A E S
O T S M A S L K A C L N Z E O L H T L A
P N T Q X S E U I E A O I Y N F F M D K
O U T Z E C P L A L Y T N M M S Y O M C
L G O R L L W E M F E D U K R K M R R I
I W C V A M V Y R A U P N R M I L E J H
S M S M N M M Z K V G E O M C N B R W C
```

ALEXANDER	CLANTON	GREENVILLE	PRICHARD
ANDALUSIA	CULLMAN	GUNTERSVILLE	SCOTTSBORO
ANNISTON	DECATUR	HUNTSVILLE	SELMA
ATHENS	DEMOPOLIS	JASPER	SHEFFIELD
ATMORE	DOTHAN	MARION	SYLACAUGA
AUBURN	ENTERPRISE	MOBILE	TALLADEGA
BESSEMER	EUFAULA	MONTGOMERY	TROY
BIRMINGHAM	FLORENCE	OPELIKA	TUSCUMBIA
CHICKASAW	GADSDEN	OZARK	TUSKEGEE

WORD SEARCH 10

Find the words in the grid. Words can go horizontally, vertically and diagonally in all eight directions.

```
M  T  Z  B  T  R  E  M  E  S  S  E  B  K  L  Y  G  H  T  R
N  B  D  S  C  O  T  T  S  B  O  R  O  A  Z  V  R  L  D  W
Z  H  E  M  N  J  W  N  X  M  R  L  M  T  S  Q  N  L  B  A
J  N  M  H  O  W  A  T  R  A  K  P  Y  M  Y  D  N  K  N  S
H  O  O  M  G  N  R  S  I  Y  L  M  N  O  L  W  D  O  E  A
U  P  P  P  A  D  T  S  P  D  O  U  F  R  A  W  T  E  L  K
N  E  O  C  R  H  U  G  N  E  L  R  A  E  C  N  U  C  L  C
T  L  L  P  R  L  G  E  O  B  R  D  T  F  A  G  S  N  I  I
S  I  I  T  A  H  D  N  D  M  O  T  K  L  U  N  C  E  V  H
V  K  S  D  K  S  A  R  I  T  E  D  C  R  G  E  A  R  S  C
I  A  N  D  D  U  A  T  H  M  S  R  L  E  A  L  L  O  R  T
L  A  R  A  B  H  U  A  H  E  R  Z  Y  D  W  Z  O  L  E  G
L  Y  G  U  C  S  N  K  L  E  L  I  K  N  E  W  O  F  T  B
E  Z  R  I  K  M  H  M  J  Z  N  K  B  A  J  C  S  Z  N  D
C  N  R  E  A  Z  A  B  P  P  Q  S  X  X  L  K  A  L  U  W
M  P  G  R  E  E  N  V  I  L  L  E  X  E  G  K  P  T  G  W
K  E  I  T  E  L  I  B  O  M  M  C  U  L  L  M  A  N  U  C
E  O  N  T  D  L  E  I  F  F  E  H  S  A  F  V  K  C  X  R
N  N  C  J  X  R  C  C  A  N  N  I  S  T  O  N  T  J  F  M
B  F  J  Q  Y  R  X  N  E  S  I  R  P  R  E  T  N  E  V  X
```

ALEXANDER	CLANTON	GREENVILLE	PRICHARD
ANDALUSIA	CULLMAN	GUNTERSVILLE	SCOTTSBORO
ANNISTON	DECATUR	HUNTSVILLE	SELMA
ATHENS	DEMOPOLIS	JASPER	SHEFFIELD
ATMORE	DOTHAN	MARION	SYLACAUGA
AUBURN	ENTERPRISE	MOBILE	TROY
BESSEMER	EUFAULA	MONTGOMERY	TUSCALOOSA
BIRMINGHAM	FLORENCE	OPELIKA	TUSKEGEE
CHICKASAW	GADSDEN	OZARK	

SOLUTION

WORD SEARCH 1

```
M K D K Z R R C T G R E E N V I L L E N
E P E L L I V S R E T N U G X Y K R C V
L R M E S I R P R E T N E J C G K C J R
L I O D W L K R N P M O N T G O M E R Y
I C P L A V R E N L M A G U A C A L Y S
V H O E S N E E T R E M E S S E B K A A
S A L I A K D O G E A Y T M B F Q M I N
T R I F K V N E C U L L M A N L L S T K
N D S F C L A K N X Y L Q V N E U R Q H
U X Z E I Q X S E K Q T A N S L O N P K
H M D H H J E U R J L D O D A Y E J D M
A R A S C A L T O X A T E D E D B O M V
F L Y H U A A T L F N S N C S G T Q D H
H Z U B G M T N F A K A P D A H A R R M
M K U A O N H H L J F G A E A T Q Y A A
R R R B F C I C E B X G R N R D U W T R
N D I A W U T M A N N I S T O N K R M I
R L P W Z F E J R R S R K K L L K R O O
E M C N K O Z M K I T N D C T T X M R N
K A K I L E P O R O B S T T O C S W E J
```

WORD SEARCH 2

```
T Y N H G R E E N V I L L E Y A A A N Y A A
U O R A V M V Q B M E L I B O M M T B L R G
S R H E T C B A K I L E P O L L E D O T L M
C O L M M H N P R I C H A R D E O O T N D V A
U B M J A O E A N N I S T O N S R N L C U A
M S R E A H G N C U L L M A N Y E D V A L
B T E L B S G T S Y T R Y C W A C M A L
I T D L N D P N N K V D V K I D N U Q Y
A O N I Z W E E I O F H T S C E B Q P S
E C A V D A X C R M M G U G D U D G X H
C S X S E S L T A P R L Y S R L Z M U E
N H E R M A T U B T A I D N E M D N E N
E G L E O K M H A D U A B I F O T G O H
R T A T P C J M N F G R F H T S E T B R
O M M N O I T A N T U F L H V K N Z R R
L A B U L H R K L K E E A I S A T L Z Q
F R X G I C R M L H B N L U L W F R R B
M I M J S A Q K S M J L T C P T L M O R
W O N K Z J K R E M E S S E B T H N L Y
L N M O M W F Y R E S I R P R E T N E B
```

WORD SEARCH 3

B P E S I R P R E T N E J R R B K K K F
W E N A G U N T E R S V I L L E Y Q M F
A L X G X D B D K P R I C H A R D Y G D
S L D E Q D M O N T G O M E R Y K Q T N
A I E D A G Y C L S C O T T S B O R O T
K V M A T A G R E M E S S E B G O T R U
C S O L M D M Q Q Q T L N W G Y N U E S
I T P L O S K A N N I S T O N A M S D C
H N O A R D T N H E H Z T M L N M K N A
C U L I T E E T T L G A C T C M Z Z E L
S H I C J N T L L U N D A D J C B G X O
L R S E K T I F B M A I A K E A V E E O
L Y C L V C C U A Q S L M T I C S E L S
A P N N K R R R Y U J K U R H L A P A A
C J L E P N I T L T R D S A I E E T E Q
A C E R P O Z A B A O F K E F B N P U R
U R J O N J D N Z T M W B Z L U W S O R
G R V L L N K O H E L I B O M M E Q J Q
A R L F A T Q A N N M C U L L M A N G P
Z J D M C M N T D L E I F F E H S T V L

WORD SEARCH 4

T U S C U M B I A P N D R A H C I R P L
T F M Y T B P R K O P D V N J D K Y N X
G C W A Y N K T T L L J X A O Z A R K D
Y V B T H Y G N F E R A S A W K A N O L
R G J W B G A Z I K I P K V Q U E T K R
E U W M M L N F Y S E I M C B D H E C E
M N A R C H F I U R L W T U S A Z C L D
O T S B Y E U L M E Y U R D N G A N K N
G E A J H P A N P R S N A K B E T E D A
T R K S Z D D O T C I G L K W D M R E X
N S C Q N V A E A S M B Z Y H A O O M E
O V I A R N M L C T V E M W L L R L O L
M I H V T H O T U A H I L W F L E F P A
L L C P M O H R J A T E L I B A F Z O L
V L T C S M Y O R C F U N L B T B N L N
H E N A J S B Y F N R U R S E O V M I K
E S I R P R E T N E K M E L J D M J S N
X L F M B C F L G R E E N V I L L E P P
V C U L L M A N M A N N I S T O N C L J
M R E M E S S E B A N O I R A M L B X C

WORD SEARCH 5

```
S A I B M U C S U T D C P R I C H A R D
Y K A R A L K Z C O G R E E N V I L L E
L V L K C L B W T R E M E S S E B B Q D
A A Y R I M U H C U L L M A N H L C K G
C T C A Z L A A T U S K E G E E E R D U
A M H F T N E N F N G N Y L T L L E E N
U O Y D R H O P F U T M M K L P L D M T
G R W K P T E Q O M E A A I W A Z N O E
A E N R N C N X F R U V F I W T A A P R
M V N A F Z N Y S I B S J S V A Y X O S
G A L Z V X E L O U T R U A L R N E L V
W C H O M P R N R N C L D L S E R L I I
A X T G L B O N U L A D A G D P K A S L
S D L K N R L H Y D W D D S M L E N N L
A S E H L I F G N N E H D L M M R R L E
K Q E C Q T M A Z G K A M C P Q Y O R T
C T L L A M R R A M G K E L I B O M M L
I L R H M T E S I R P R E T N E D J P V
H K J L H A U T B B A S O O L A C S U T
C R L T X N N R T A N N I S T O N W T B
```

WORD SEARCH 6

```
K E L L I V S R E T N U G M X E D L M P
Z W A G B M O N T G O M E R Y L Q D A R
O A Y M A G U A C A L Y S Q Y L E E G I
R S C M L K R E M E S S E B H I C M D C
O A H N P E N V J T R H D L T V N E O A
B K Z G A D S D E N X H L Q R N E P A H
S C E S I R P R E T N E T T E E R O L A
T I M J N A N N I S T O N R D E O L I R
T H M A L L G C U L L M A N N R L I A R
O C A D R A G M N Q M M F X A G F S T R
C M S T E I L L A W G M G A X W M M E N
S V O U H C O U N H L B I N E Q T P O O
B B O S M E A N A W G S N A L M S T Z G
T M L C A P N T M F U N U X A A N A M R
T O A U T C K S U L U B I Y J A R D X N
X X B C M M T P A R U E O M L K O L Z X
N I S B O B J D R R B R M C R T T N Y K
K E L U I R Y M N P T T L F H I J M T N
K E T A E A A K I L E P O A F N B M C V
H U N T S V I L L E X M N N T L V N L L
```

WORD SEARCH 7

```
F G R E E N V I L L E K F M C X A T K Y
C W S R M O N T G O M E R Y T I J A P K
N A R Y A N N I S T O N H F S T D L R L
D A K L L R E M E S S E B U W U E L I N
N E T I D A Y C Y Q Q K L R A S M A C F
A R C H L G C T N J R A L N S C O D H N
D L Y A E E K A T Y D B E V A A P E A R
L E U L T N P T U N D D N K K L O G A H
E C R A F U S O A G S H N R C O L O D U
I N E J F H R M K D A Y G A I O I L N N
F E D M B U X X A F T Y T Z H S C I F T
F R N K A A E G T N M V K O C A T R Z S
E O A N M H D W K Z O W T R T N X O H V
H L X L K O G M Z M R J L W A R K B K I
S F E X T A A N T T E Z A L V N C S D L
L S L H U R W R I L G N C S Z Q B T Q L
L W A B I R O L P M E S I R P R E T N E
F N U O F Y M N V Z R Y G T W E Y O G T
Q R N G U N T E R S V I L L E W R C M X
N C U L L M A N K E L I B O M W X S L Z
```

WORD SEARCH 8

```
H E L L X L T R O R A C Z R K A D B H H
D C W Y M L D P K I Q D K M U R B B Z D
L N J A R Q E W S J A Y E B O H A D X R
M E J N S L R U Z G K T U M Q B O Z T A
L R P R I A L M F T R R H W O T I N O H
J O F K T A K R V C N A L E H P O L N C
H L A K D G P C K X C R L A N I O A E I
S F Q N Q A N N I S T O N U R S M L N R
C R A F M M B A W H N R B A A L J E I P
O E S S O A I I D N C T M K L F D P R S
T D Y H N T R B K O L Y R U V S U W N L
T N L E T M M J T F Y C O D Q H E K L A
S A L F G O I U A N N V Q A Y S E L M N
B X C O R N C S A M M G M J X Y J X N E
O E A I M E G S P L G R E E N V I L L E
R L U E K H U E C T A L L A D E G A L L
O A G L R F A T R M L X R E M E S S E B
R T A D Y W M E S I R P R E T N E K J K
E L L I V S R E T N U G E E G E K S U T
J K D E C A T U R E L L I V S T N U H P
```

WORD SEARCH 9

WORD SEARCH 10

ARIZONA

WORD SEARCH 11

Find the words in the grid. Words can go horizontally, vertically and diagonally in all eight directions.

```
T  M  E  R  C  N  D  J  T  Q  W  P  D  A  M  U  Y  L  K  L
T  T  R  C  N  T  D  T  R  L  W  T  O  M  B  S  T  O  N  E
C  T  O  V  N  Z  T  N  B  I  S  B  E  E  P  L  V  N  Q  X
V  X  R  C  P  E  F  K  E  M  X  K  I  N  G  M  A  N  N  B
Z  L  C  W  S  V  R  L  W  W  C  L  W  F  V  R  X  W  X  C
T  J  T  H  N  E  A  O  X  I  N  E  O  H  P  W  R  Q  L  T
M  Z  Y  Y  A  D  R  B  L  L  N  T  K  X  Z  N  K  H  F  E
T  L  R  L  N  N  G  P  T  F  M  L  U  K  Q  Y  R  T  N  L
Q  K  N  O  K  O  D  V  M  M  L  Y  R  C  C  W  O  V  O  A
C  L  V  K  R  B  C  L  V  X  K  L  W  Q  S  K  J  H  G  D
Y  A  Q  A  J  F  D  X  E  L  V  P  A  K  J  O  A  W  A  S
H  G  I  K  R  J  J  L  B  R  L  H  L  K  H  W  N  N  L  T
K  B  X  N  K  G  D  M  P  X  N  F  P  N  I  E  C  C  E  T
I  J  B  H  K  O  G  T  E  K  D  Q  I  N  X  L  L  K  S  O
B  B  H  M  U  P  E  W  D  S  M  L  S  L  Z  A  I  P  Z  C
J  H  Y  G  W  P  R  M  C  L  A  L  P  T  E  D  F  C  T  S
K  T  L  P  M  C  N  F  L  V  O  T  R  B  C  N  T  Q  V  C
F  A  X  E  L  T  K  N  C  W  T  M  O  H  N  E  O  V  G  C
S  H  T  D  J  T  M  K  R  M  D  L  Z  W  M  L  N  J  V  M
D  F  F  A  T  S  G  A  L  F  G  H  T  K  F  G  C  P  R  P
```

AJO	GLENDALE	SCOTTSDALE
AVONDALE	GLOBE	TEMPE
BISBEE	KINGMAN	TOMBSTONE
CHANDLER	MESA	TUCSON
CLIFTON	NOGALES	WALPI
DOUGLAS	ORAIBI	WINSLOW
FLAGSTAFF	PHOENIX	YUMA
FLORENCE	PRESCOTT	

WORD SEARCH 12

Find the words in the grid. Words can go horizontally, vertically and diagonally in all eight directions.

```
T  T  O  M  B  S  T  O  N  E  D  C  J  N  T  L  T  R  Y  R
P  M  E  M  L  L  T  T  F  F  A  T  S  G  A  L  F  K  Q  B
Y  F  R  C  T  J  T  T  P  M  Q  W  T  Y  E  E  G  R  X  Q
P  W  X  L  N  X  I  N  E  O  H  P  N  L  L  L  F  T  C  L
T  M  N  I  Q  E  Z  J  E  V  W  M  A  K  E  A  H  N  L  Q
Y  L  M  F  T  M  R  B  N  L  G  D  N  P  V  D  R  O  T  Z
C  M  Z  T  L  W  O  O  Y  C  N  M  M  M  Y  S  K  G  Q  C
L  W  N  O  N  L  Y  L  L  O  L  E  P  K  D  T  E  A  O  N
C  Y  Q  N  G  R  V  Q  V  F  T  F  R  D  W  T  L  L  J  P
T  H  L  R  T  K  O  A  M  T  Y  C  O  M  W  O  A  E  A  W
L  N  A  W  Z  R  T  K  C  T  K  U  N  I  R  C  D  S  T  Z
D  T  J  N  A  G  V  U  X  X  G  C  N  V  J  S  N  J  K  T
W  H  T  I  D  R  Z  N  C  L  B  S  D  N  F  L  E  Y  L  T
W  J  B  O  F  L  D  R  A  S  L  J  Z  M  W  N  L  K  L  Z
A  I  Q  N  C  B  E  S  C  O  O  Y  N  Q  M  R  G  N  T  D
L  L  X  M  G  S  K  R  W  R  G  N  L  R  N  R  T  Q  P  D
P  J  W  N  E  F  E  T  B  I  S  B  E  E  Y  N  B  Y  X  F
I  R  Q  Y  L  S  H  R  W  K  J  K  I  N  G  M  A  N  R  L
P  F  Y  L  M  L  A  T  P  J  B  K  B  L  R  D  F  T  L  W
F  X  N  R  R  Z  W  A  M  U  Y  D  Y  R  L  W  J  P  B  D
```

AJO	GLENDALE	SCOTTSDALE
AVONDALE	GLOBE	TEMPE
BISBEE	KINGMAN	TOMBSTONE
CHANDLER	MESA	TUCSON
CLIFTON	NOGALES	WALPI
DOUGLAS	ORAIBI	WINSLOW
FLAGSTAFF	PHOENIX	YUMA
FLORENCE	PRESCOTT	

WORD SEARCH 13

Find the words in the grid. Words can go horizontally, vertically and diagonally in all eight directions.

```
C D E Q W W T R T O M B S T O N E L G X
C H L Y J N J Q R X O P V K Q A M U Y N
B Z A T Q C M K W D J J M K T L R D M D
E K D N T B Q N N Z A C X X B I S B E E
L R S N D D X R K I N G M A N K M M W R
A Z T Q H L D E F F A T S G A L F G A V
D R T X M Z E H C Q B J C Y F L P M L J
N M O Z C N K R E N W X I N E O H P P B
E D C C P L N L B L E R R R J K R K I T
L H S D G H A C V T L R T M M M B R G R
G Y X M F D W Z P R T L O N E K Z N K B
Z Z C J N I H V R G M O N L T S E K G L
Q Z H O N L T N M K B L C D F P A L C N
F L V S X K O U T J K D O S M V B P L O
F A L K B R E N C L D U M E E Y T V I G
L O X H A B K Z N S G L T N M R J N F A
W K D I O V B D Y L O J N R N Q P P T L
J T B L N C C J A M X N Y L K L K M O E
R I G V T R K S Z G D Y M K Q B Q N N S
Z D N C J C L M N K M R Z N M L V K N J
```

AJO	GLENDALE	SCOTTSDALE
AVONDALE	GLOBE	TEMPE
BISBEE	KINGMAN	TOMBSTONE
CHANDLER	MESA	TUCSON
CLIFTON	NOGALES	WALPI
DOUGLAS	ORAIBI	WINSLOW
FLAGSTAFF	PHOENIX	YUMA
FLORENCE	PRESCOTT	

WORD SEARCH 14

Find the words in the grid. Words can go horizontally, vertically and diagonally in all eight directions.

```
T E F N C G V Z N C G B J Z C L L M W Y
T U C T F Z D H J L H M L K N L X H N N
R T C N R J K W T I N A E T M C Y H O Q
E W O S E N P W V F H M N S T L P R G Q
L T B C O R I W F T T G T D A C E H A R
A D K G S N O T T O R B V K L L F H L M
D V V Z S E T L D N Z G L M A E T R E Z
S N K L F V R M F K R D Y D O G R G S M
T W O L K G L P K P M T N B J X F W P N
T W L R X K R L Q X T O Y M A K L X E M
O A C W L Z W M G M V Q T R F R N O L N
C L B I S B E E E A N N R W Y T R W A V
S P M V N Z P B P G W W X L P A D R D B
M I D X T M O N P T A M U Y I O G J N N
R J M C E L M J D V Y B K B U L R Z E Z
H P R T G X Z D G B R T I G L C G G L H
C F F A T S G A L F Z N L M H G L F G Q
N T O M B S T O N E L A T R B J C M K M
X T D K I N G M A N S N R J T N T B C V
M X R X D X I N E O H P F L C C Z L R M
```

AJO	GLENDALE	SCOTTSDALE
AVONDALE	GLOBE	TEMPE
BISBEE	KINGMAN	TOMBSTONE
CHANDLER	MESA	TUCSON
CLIFTON	NOGALES	WALPI
DOUGLAS	ORAIBI	WINSLOW
FLAGSTAFF	PHOENIX	YUMA
FLORENCE	PRESCOTT	

WORD SEARCH 15

Find the words in the grid. Words can go horizontally, vertically and diagonally in all eight directions.

```
L  K  W  T  Q  T  O  M  B  S  T  O  N  E  F  B  V  J  G  C
V  W  K  H  U  G  Q  E  Y  T  M  N  F  N  D  K  W  Y  K  M
H  V  Z  G  T  C  L  D  F  R  N  R  M  R  M  M  A  M  Q  T
M  J  L  R  D  A  S  Q  T  C  K  K  T  M  Q  N  L  K  K  V
D  R  F  Y  D  M  Y  O  K  T  H  E  P  M  R  B  P  V  X  E
R  B  R  N  B  M  F  B  N  H  O  A  C  L  N  L  I  Q  V  L
N  W  O  P  B  F  H  T  W  T  C  C  N  N  N  L  N  W  P  A
T  V  P  C  K  K  C  K  N  M  Y  D  S  D  E  J  X  D  K  D
A  F  Y  Q  M  N  L  D  O  G  M  Q  R  E  L  R  F  G  R  S
J  J  N  G  K  K  I  N  G  M  A  N  B  X  R  E  O  Z  D  T
E  C  A  M  U  Y  F  L  A  D  X  J  P  W  N  P  R  L  F  T
L  K  Z  M  W  G  T  T  L  T  G  X  I  N  E  O  H  P  F  O
A  F  K  J  E  J  O  J  E  L  P  H  W  B  I  S  B  E  E  C
D  R  O  J  M  S  N  Q  S  F  V  I  L  D  X  N  O  D  K  S
N  L  J  K  G  L  A  Q  D  L  N  R  M  H  T  R  O  E  R  N
E  Z  A  L  E  F  F  A  T  S  G  A  L  F  A  U  B  M  R  Q
L  M  M  P  H  V  N  X  L  T  K  L  G  I  G  O  K  Y  G  L
G  V  M  D  X  N  X  O  V  W  R  W  B  L  L  Q  D  B  X  D
D  E  T  R  H  P  W  Z  K  K  L  I  A  G  W  R  J  K  H  V
T  Z  N  H  G  J  Z  N  M  T  P  S  R  Z  N  J  N  Y  L  L
```

AJO	GLENDALE	SCOTTSDALE
AVONDALE	GLOBE	TEMPE
BISBEE	KINGMAN	TOMBSTONE
CHANDLER	MESA	TUCSON
CLIFTON	NOGALES	WALPI
DOUGLAS	ORAIBI	WINSLOW
FLAGSTAFF	PHOENIX	YUMA
FLORENCE	PRESCOTT	

WORD SEARCH 16

Find the words in the grid. Words can go horizontally, vertically and diagonally in all eight directions.

```
N  W  R  X  I  N  E  O  H  P  E  R  K  T  B  B  V  T  W  Q
F  J  N  W  Z  N  L  D  M  B  Z  E  Z  F  U  M  B  I  T  E
T  C  V  T  Q  X  M  K  O  R  C  L  M  Z  V  C  N  L  L  L
T  T  H  L  T  V  B  L  K  K  K  A  E  Q  Q  S  S  A  T  G
N  Z  M  A  M  O  G  K  J  L  M  D  N  C  L  Q  D  O  L  M
K  F  N  E  N  W  C  P  X  R  B  S  Z  O  N  N  X  M  N  B
T  V  O  M  S  D  K  S  X  Y  N  T  W  D  O  E  X  O  M  T
R  T  G  M  B  A  L  R  E  T  K  T  J  V  V  D  R  P  V  V
B  L  A  B  V  F  K  E  Y  R  Z  O  A  H  O  A  V  O  N  C
D  L  L  N  Y  F  R  C  R  T  P  C  Z  U  I  T  C  X  L  R
T  J  E  M  D  E  Y  L  N  K  K  S  G  B  L  Q  R  P  P  F
T  G  S  R  P  L  G  I  W  M  X  L  I  Q  F  C  M  W  K  W
M  F  L  M  Q  A  Z  F  W  V  A  N  W  J  Y  K  V  G  T  V
H  X  E  T  H  D  D  T  A  S  L  T  K  I  N  G  M  A  N  H
Q  T  H  T  Q  N  H  O  L  F  F  A  T  S  G  A  L  F  D  W
D  M  V  J  Q  E  L  N  P  J  Z  C  Y  W  M  Y  H  X  L  L
M  Q  K  Y  D  L  K  T  I  N  T  O  M  B  S  T  O  N  E  L
O  T  B  K  L  G  G  R  P  M  K  L  L  B  V  R  W  J  X  P
J  P  W  J  R  G  D  N  J  M  H  Q  X  B  R  H  M  N  M  H
A  M  U  Y  L  L  N  W  W  M  L  D  B  I  S  B  E  E  V  N
```

AJO	GLENDALE	SCOTTSDALE
AVONDALE	GLOBE	TEMPE
BISBEE	KINGMAN	TOMBSTONE
CHANDLER	MESA	TUCSON
CLIFTON	NOGALES	WALPI
DOUGLAS	ORAIBI	WINSLOW
FLAGSTAFF	PHOENIX	YUMA
FLORENCE	PRESCOTT	

WORD SEARCH 17

Find the words in the grid. Words can go horizontally, vertically and diagonally in all eight directions.

```
J  N  M  W  T  V  L  T  R  B  W  Z  D  R  K  T  L  W  J  R
K  F  J  M  Q  X  L  D  B  J  Z  O  J  M  D  K  K  A  L  F
K  X  I  N  E  O  H  P  R  C  U  Q  E  M  Y  Q  F  L  Y  H
L  Z  N  Q  J  M  R  V  N  G  J  B  W  D  Q  K  O  P  Q  Q
Y  E  O  G  R  K  L  H  L  C  O  O  E  B  V  R  G  I  Z  T
P  L  G  Y  Y  Y  X  A  Y  L  N  J  W  C  A  L  J  M  P  W
Z  A  A  C  C  D  S  N  G  T  T  A  X  I  N  E  M  Z  H  G
L  D  L  L  N  H  P  P  N  M  W  T  B  H  L  E  N  Z  W  B
T  N  E  I  N  X  A  J  G  I  M  I  O  A  D  Z  R  W  L  X
E  E  S  F  L  T  K  N  N  Y  F  B  D  C  N  K  R  O  T  H
L  L  W  T  H  J  U  S  D  L  M  N  Z  G  S  X  M  M  L  V
A  G  B  O  L  F  L  C  L  L  O  E  T  N  H  E  J  W  K  F
D  R  P  N  V  O  D  W  S  V  E  L  S  W  R  Y  R  T  T  W
S  C  X  L  W  N  L  N  A  O  L  R  N  A  M  R  Y  P  B  N
T  L  M  N  C  J  Z  M  R  B  N  B  I  S  B  E  E  L  N  R
T  F  F  A  T  S  G  A  L  F  V  B  J  T  D  F  G  G  P  E
O  M  H  M  C  N  Y  K  I  N  G  M  A  N  T  Q  Q  L  P  F
C  N  M  K  V  R  K  P  M  H  Q  W  M  R  F  R  J  M  T  M
S  T  O  M  B  S  T  O  N  E  X  N  P  T  V  B  E  P  R  V
N  K  V  H  A  M  U  Y  G  M  K  R  G  M  M  T  T  X  W  Q
```

AJO	GLENDALE	SCOTTSDALE
AVONDALE	GLOBE	TEMPE
BISBEE	KINGMAN	TOMBSTONE
CHANDLER	MESA	TUCSON
CLIFTON	NOGALES	WALPI
DOUGLAS	ORAIBI	WINSLOW
FLAGSTAFF	PHOENIX	YUMA
FLORENCE	PRESCOTT	

WORD SEARCH 18

Find the words in the grid. Words can go horizontally, vertically and diagonally in all eight directions.

```
W  N  M  X  I  N  E  O  H  P  F  T  H  T  R  H  Y  V  T  H
F  F  A  T  S  G  A  L  F  F  T  D  B  Y  G  T  H  G  D  R
Z  E  Q  E  R  Y  N  Y  L  O  X  V  E  R  J  D  X  L  N  T
N  L  P  C  C  K  G  J  C  M  T  L  M  M  M  H  D  C  H  G
N  A  F  C  W  N  P  S  Q  T  A  M  U  Y  C  E  K  R  M  C
M  D  M  L  Z  B  E  W  R  D  R  D  E  F  L  Y  S  Y  Z  W
M  N  F  W  Y  R  I  R  N  L  M  B  H  R  W  N  N  A  Z  D
R  E  T  L  P  N  N  O  O  C  O  N  O  N  A  O  T  M  E  N
T  L  M  Y  S  G  V  O  J  L  Z  T  J  M  L  G  W  D  L  R
D  G  M  L  K  A  R  W  G  T  F  B  A  N  P  A  R  X  A  N
J  P  O  Z  H  A  R  M  J  C  C  K  N  K  I  L  R  F  D  X
J  W  D  Z  I  P  D  Y  K  L  B  H  P  V  D  E  X  L  S  Z
T  O  M  B  S  T  O  N  E  I  N  N  A  M  Q  S  X  D  T  Y
J  B  I  S  B  E  E  X  W  F  K  T  X  N  T  N  O  Z  T  L
J  F  Z  T  D  D  P  H  R  T  N  F  U  B  D  U  L  T  O  W
K  K  N  R  L  L  X  M  R  O  G  M  H  C  G  L  D  H  C  X
T  M  Q  T  J  X  J  D  E  N  K  T  B  L  S  R  E  W  S  R
Z  H  K  Z  W  X  H  B  V  T  C  K  A  V  L  O  R  R  K  Y
L  R  K  D  B  M  Q  L  T  W  Q  S  K  K  K  J  N  K  F  W
W  B  G  K  T  L  L  Z  K  I  N  G  M  A  N  L  B  L  C  Z
```

AJO	GLENDALE	SCOTTSDALE
AVONDALE	GLOBE	TEMPE
BISBEE	KINGMAN	TOMBSTONE
CHANDLER	MESA	TUCSON
CLIFTON	NOGALES	WALPI
DOUGLAS	ORAIBI	WINSLOW
FLAGSTAFF	PHOENIX	YUMA
FLORENCE	PRESCOTT	

WORD SEARCH 19

Find the words in the grid. Words can go horizontally, vertically and diagonally in all eight directions.

```
L N C C Q P G F T Q K B H M H L H W X F
M O M H K G K V P M D X O B H K D X E T
Y G M K A W G N D N K R M X K F T B R T
T A F F R N V M W X A P B G J E O H N L
N L H T W D D K Y I V V Q B G L P B P R
P E N T N J R L B F F N C K G K Z M N D
M S L L K E N I E H T X I N E O H P E M
L T D P Q L W L R R F F A T S G A L F T
F D X F P A A N V N N X N M M K G T Z V
T R F O L D L R X S C O T T S D A L E V
R U T J D N P M B I S B E E D E L K N J
Y E C A G E I A M U Y Z C O L X T Y E K
L P C S Z L Q W L T P X U A N D L J N V
C N P N O G I W T H K G D M T N L K O N
L C T V E N T O V T L N H L E L V F T M
I H H D S R C K K A O T X K N S M R S Y
F Q N L P S O B S V Q K L F R M A D B F
T Y O J E D W L A K T T T Z M N L C M M
O W M R D R Q W F T W N L Y K Y V Y O T
N N P C J J D K I N G M A N V W Q J T P
```

AJO	GLENDALE	SCOTTSDALE
AVONDALE	GLOBE	TEMPE
BISBEE	KINGMAN	TOMBSTONE
CHANDLER	MESA	TUCSON
CLIFTON	NOGALES	WALPI
DOUGLAS	ORAIBI	WINSLOW
FLAGSTAFF	PHOENIX	YUMA
FLORENCE	PRESCOTT	

WORD SEARCH 20

Find the words in the grid. Words can go horizontally, vertically and diagonally in all eight directions.

```
W  V  W  M  R  A  M  U  Y  N  R  M  L  E  E  Y  R  R  X  C
T  P  K  V  R  K  R  R  T  T  D  D  B  L  D  B  W  Q  R  H
K  T  H  Y  C  V  M  M  N  B  D  O  A  B  N  I  L  E  G  Z
C  K  T  F  B  I  S  B  E  E  L  D  X  Q  N  B  P  H  M  M
N  Q  P  O  L  R  T  W  D  G  N  G  G  S  R  M  H  L  Q  B
Q  W  D  W  C  X  K  O  H  O  M  M  L  M  E  O  P  L  D  H
E  R  Y  O  N  S  U  L  V  M  Y  O  W  T  R  T  K  K  R  K
L  R  Q  J  T  G  E  A  V  N  W  F  F  A  T  S  G  A  L  F
A  L  T  A  L  N  N  R  B  B  T  F  I  V  N  L  K  V  F  F
D  G  Z  A  Y  P  K  D  P  L  Z  B  X  C  T  R  Q  E  M  H
S  L  S  R  N  Q  K  C  W  N  I  K  W  M  V  P  T  L  L  C
T  F  T  R  Y  T  C  L  A  O  K  C  M  T  R  K  D  A  N  C
T  M  C  U  L  T  T  I  L  G  E  M  H  T  B  J  J  D  D  P
O  B  V  M  C  X  N  F  P  A  T  C  E  A  F  V  R  N  L  C
C  L  B  B  T  S  P  T  I  L  R  W  N  S  N  D  Y  E  P  Y
S  L  X  J  F  T  O  O  P  E  K  Y  L  E  A  D  N  L  K  T
K  B  K  R  M  M  N  N  N  S  Q  H  Z  V  R  N  L  G  N  L
K  I  N  G  M  A  N  C  B  T  O  M  B  S  T  O  N  E  P  F
Y  Z  M  L  M  N  Q  M  C  B  X  L  C  P  F  R  L  Z  R  L
Y  W  N  P  X  I  N  E  O  H  P  K  R  P  H  L  T  F  R  H
```

AJO	GLENDALE	SCOTTSDALE
AVONDALE	GLOBE	TEMPE
BISBEE	KINGMAN	TOMBSTONE
CHANDLER	MESA	TUCSON
CLIFTON	NOGALES	WALPI
DOUGLAS	ORAIBI	WINSLOW
FLAGSTAFF	PHOENIX	YUMA
FLORENCE	PRESCOTT	

SOLUTION

WORD SEARCH 11

```
T M E R C N D J T Q W P D A M U Y L K L
T T R C N T D T R L W T O M B S T O N E
C T O V N Z T N B I S B E E P L V N Q X
V X R C P E F K E M X K I N G M A N N B
Z L C W S V R L W W C L W F V R X W X C
T J T H N E A O X I N E O H P W R Q L T
M Z Y Y A D R B L L N T K X Z N K H F E
T L R L N G P T F M L U K Q Y R T N L
Q K N O K O D V M M L Y R C C W O V O A
C L V K R B C L V X K L W Q S K J H G D
Y A Q A J F D X E L V P A K J O A W A S
H G I K R J J L B R L H L K H W N N L T
K B X N K G D M P X N F P N I E C C E T
I J B H K O G T E K D Q I N X L L K S O
B B H M U P E W D S M L S L Z A I P Z C
J H Y G W P R M C L A L P T E D F C T S
K T L P M C N F L V O T R B C N T Q V C
F A X E L T K N C W T M O H N E O V G C
S H T D J T M K R M D L Z W M L N J V M
D F F A T S G A L F G H T K F G C P R P
```

WORD SEARCH 12

```
T T O M B S T O N E D C J N T L T R Y R
P M E M L L T T F F A T S G A L F F K Q B
Y F R C T J T T P M Q W T Y E E G R X Q
P W X L N X I N E O H P N L L L F T C L
T M N I Q E Z J E V W M A K E A H N L Q
Y L M F T M R B N L G D N P V D R O T Z
C M Z T L W O O O Y C N M M M Y K G Q C
L W W N O N L Y L L O L E P K D T E A N
C Y Q N G R V Q V F T F R D W T L L J P
T H L R T K O A M T Y C O M W O A E A W
L N A W Z R T K C T K U N I R C D S T Z
D T J N A G V U X X G C N V J S N J K T
W H T I D R Z N C L B S D N F L E Y L T
W J B O F L D R A S L J Z M W N L K L Z
A I Q N C B E S C O O Y N Q M R G N T D
L L X M G S K R W R G N L R N R T Q P D
P J W N E F E T B I S B E E Y X F
I R Q Y L S H R W K J K I N G M A N R L
P F Y L M L A T P J B K B L R D F T L W
F X N R R Z W A M U Y D Y R L W J P B D
```

WORD SEARCH 13

```
C D E Q W W T R T O M B S T O N E L G X
C H L Y J N J Q R X O P V K Q A M U Y N
B Z A T Q C M K W D J J M K T L R D M D
E K D N T B Q N N Z A C X X B I S B E E
L R S N D D X R K I N G M A N K M M W R
A Z T Q H L D E F F A T S G A L F G A V
D R T X M Z E H C Q B J C Y F L P M L J
N M O Z C N K R E N W X I N E O H P P B
E D C C P L N L B L E R R R J K R K I T
L H S D G H A C V T L R T M M M B R G R
G Y X M F D W Z P R T L O N E K Z N K B
Z Z C J N I H V R G M O N L T S E K G L
Q Z H O N L T N M K B L C D F P A L C N
F L V S X K O U T J K D O S M V B P L O
F A L K B R E N C L D U M E E Y T V I G
L Q X H A B K Z N S G L T N M R J N L A
W K D I O V B D Y L O J N R N Q P P L L
J T B L N C C J A M X N Y L K L K M E S
R I G V T R K S Z G D Y M K Q B Q N N
Z D N C J C L M N K M R Z N M L V K N J
```

WORD SEARCH 14

```
T E F N C G V Z N C G B J Z C L L M W Y
T U C T F Z D H J L H M L K N L X H N N
R T C N R J K W T I N A E T M C Y H O Q
E W O S E N P W V F H M N S T L P R G Q
L T B C O R I W F T G T D A C E H A R M
A D K G S N O T T O R B V K L L F H L E
D V V Z S E T L D N Z G L M A E T R E Z
S N K L F V R M F K R D Y D O G R G S M
T W O L K G L P K P M T N B J X F W P N
T W L R X K R L Q X T O Y M A K L X E M
O A C W L Z W M G M V Q T R F R N O L N
C L B I S B E E E A N N R W Y T R W A V
S P M V N Z P B P G W W X L P A D R D B
M I D X T M O N P T A M U Y I O G J N N
R J M C E L M J D V Y B K B U L R Z E Z
H P R T G X Z D G B R T I G L C G G L H
C F F A T S G A L F Z N L M H G L F G Q
N T O M B S T O N E L A T R B J C M K M
X T D K I N G M A N S N R J T N T B C V
M X R X D X I N E O H P F L C C Z L R M
```

WORD SEARCH 15

```
L K W T Q T O M B S T O N E F B V J G C
V W K H U G Q E Y T M N F N D K W Y K M
H V Z G T C L D F N R N R M R M A M Q T
M J L R D A S Q T C K K T M Q N L K K V
D R F Y D M Y O K T H E P M R B P V X E
R B R N B M F B N H O A C L N L I Q V L
N W O P B F H T W T C C N N L N W P A A
T V P C K K C K N M Y D S D E J X D K D
A F Y Q M N L D O G M Q R E L R F G R S
J J N G K K I N G M A N B X R E O Z D T
E C A M U Y F L A D X J P W N P R L F T
L K Z M W G T T L T G X I N E O H P F O
A F K J E J O J E L P H W B I S B E E C
D R O J M S N Q S F V I L D X N O D K S
N L J K G L A Q D L N R M H T R O E R N
E Z A L E F F A T S G A L F A U B M R Q
L M M P H V N X L T K L G I G O K Y G L
G V M D X N X O V W R W B L L Q D B X D
D E T R H P W Z K K L I A G W R J K H V
T Z N H G J Z N M T P S R Z N J N Y L L
```

WORD SEARCH 16

```
N W R X I N E O H P E R K T B B V T W Q
F J N W Z N L D M B Z E Z F U M B I T E
T C V T Q X M K O R C L M Z V C N L L T
T T H L T V B L K K K A E Q Q S S A T G
N Z M A M O G K J L M D N C L Q D O L M
K F N E N W C P X R B S Z O N N X M N B
T V O M S D K S X Y N T W D O E X O M T
R T G M B A L R E T K T J V V D R P V T
B L A B V F K E Y R Z O A H O A V O N C
D L L N Y F R C R T P C Z U I T C X L P
T J E M D E Y L N K K S G B L Q R P P F
T G S R P L G I W M X L I Q F C M W K W
M F L M Q A D Z Z F W V A N W J Y K G T V
H X E T H D D T A S L T K I N G M A N H
Q T H T Q N H O L F F A T S G A L F D W
D M V J Q E L N P J Z C Y W M Y H X L L
M Q K Y D L K T I N T O M B S T O N E L
O T B K L G G R P M K L L B V R W J X P
J P W J R G D N J M H Q X B R H M N M H
A M U Y L L N W W M L D B I S B E E V N
```

WORD SEARCH 17

WORD SEARCH 18

WORD SEARCH 19

```
L N C C Q P G F T Q K B H M H L H W X F
M O M H K G K V P M D X O B H K D X E T
Y G M K A W G N D N K R M X K F T B R T
T A F F R N V M W X A P B G J E O H N L
N L H T W D D K Y I V V Q B G L P B P R
P E N T N J R L B F F N C K G K Z M N D
M S L L K E N I E H T X I N E O H P E M
L T D P Q L W L R R F F A T S G A L F T
F D X F P A A N V N N X N M M K G T Z V
T R F O L D L R X S C O T T S D A L E V
R U T J D N P M B I S B E E D E L K N J
Y E C A G E I A M U Y Z C O L X T Y E K
L P C S Z L Q W L T P X U A N D L J N V
C N P N O G I W T H K G D M T N L K O N
L C T V E N T O V T L N H L E L V F T M
I H H D S R C K K A O T X K N S M R S Y
F Q N L P S O B S V Q K L F R M A D B F
T Y O J E D W L A K T T T Z M N L C M M
O W M R D R Q W F T W N L Y K Y V V Y O
N N P C J J D K I N G M A N V W Q J T P
```

WORD SEARCH 20

```
W V W M R A M U Y N R M L E E Y R R X C
T P K V R K R R T T D D B L D B W Q R H
K T H Y C V M M N B D O A B N I L E G Z
C K T F B I S B E E L D X Q N B P H M M
N Q P O L R T W D G N G G S R M H L Q B
Q W D W C X K O H O M M L M E O P L D H
E R Y O N S U L V M Y O W T R T K K R K
L R Q J T G E A V N W F F A T S G A L F
A L T A L N N R B B T F I V N L K V F F
D G Z A Y P K D P L Z B X C T R Q E M H
S L S R N Q K C W N I K W M V P T L L C
T F T R Y T C L A O K C M T R K D A N C
T M C U L T T I L G E M H T B J J D D P
O B V M C X N F P A T C E A F V R N L C
C L B B T S P T I L R W N S N D Y E P Y
S L X J F T O O P E K Y L E A D N L K T
K B K R M M N N N S Q H Z V R N L G N L
K I N G M A N C B T O M B S T O N E P F
Y Z M L M N Q M C B X L C P F R L Z R L
Y W N P X I N E O H P K R P H L T F R H
```

CHRISTMAS

WORD SEARCH 21

Find the words in the grid. Words can go horizontally, vertically and diagonally in all eight directions.

```
T Z X C P R A N C E R P O I N S E T T I A M R B R
J B O J T Q K D S R F L L D A S H E R R M R X E B
K L M E R R Y E N E Z M R K T C T T N O B B I R E
D T N V A M D C C E L E B R A T E K R E N N O D T
T F N K D P I O Y R X A L R T R S R W D D W Y L H
S M E S I A P R L T P I S N N G D M E E N T F F L
G P I T T R U A F H R S V L E F R D E M B A C V E
N R P H I A C T L F L A T P V Y A R D L O E T R H
I E D G O D L I N E I V P S D K C O Z N H N L S E
T S Z I N E T O G L R R E E A Q L W N H T C I L M
E E M L R S H N Z A L V N S E L D N A C A H V E S
E N P V T O A S D K L I Y N S G D S H J E I D F S
R T M U L W C E L E P C W D G M L E L C R M E R W
G S R Y N R C R K F F B S D N N I H C E W N R O T
N R D T O C E D E R L N P H O A I R O E D E C S M
W F O O D C H C U I S O I O L O C S A L M Y A T I
P Y G M N N U I T T E S R L J V G F S C I B S Y S
S E A A O A T Z S L X A I L M P N J N E L D E X T
G H D E S C E I U D T E T Y T R I P S M R E A R L
O Z L B A N L Y D S K S L R T N A E G A P D R Y E
N R X K T Z R X L I D A N N O U N C E M E N T L T
G F E S T I V A L L N W T I N S E L T E M O C Y O
G N R S T F I G B B O G O C S E L C I C I B Y Y E
E K C K C I N . T S L J S R S L L E B H G I E L S
R U D O L P H K W C S R E K C I T S L H A P P Y Q
```

Advent	Cold	Festival	Jolly	Prancer	Spirit
Angels	Comet	Fir	Lights	Presents	St. Nick
Announcement	Crowds	Frosty	Lists	Punch	Stand
Bells	Cupid	Fruitcake	Merry	Reindeer	Star
Bethlehem	Dancer	Gifts	Miracle	Ribbon	Stickers
Blitzen	Dasher	Goodwill	Mistletoe	Rudolph	Tidings
Candles	December	Greetings	Noel	Sacred	Tinsel
Candy	Decorations	Ham	Pageant	Sales	Toys
Cards	Dolls	Happy	Parades	Sauce	Tradition
Cedar	Donner	Holiday	Party	Scrooge	Trips
Celebrate	Dressing	Holly	Pie	Season	Vixen
Ceremonies	Eggnog	Holy	Pine	Sled	Wreath
Chimney	Elves	Icicles	Poinsettia	Sleighbells	Yule

WORD SEARCH 22

Find the words in the grid. Words can go horizontally, vertically and diagonally in all eight directions.

```
T N A E G A P W F E S T I V A L R R E E D N I E R
B L H N K G S R Y N O S A E S R T J L E Z L S S D
R B O R Q F N D E L J P D C E L E B R A T E T L K
T E M O C M I I W S L L R F D X M C R L T S H E R
L R E N N O D R S O E O R Y I K A X D W N N G D D
T T Z L P N Z B R S R N J L P S J C E M E I I R F
R T J U S M C A D M E C T T U Q O N C N V T L Y R
F A N N A E D E V N I R Y S C L B E O Z D R K T O
V C T H K E D V R M O R D Z D L E X R C A R G R S
H Q B S C M X A W E P B A X T P T I A H S E P I T
S E L D N A C S R T M F B C N K H V T O D C O P Y
H Y L N N T R D A A R O R I L C L H I L R N I S N
Z O C U R O O M H U P E N L R E E H O L A A N G M
Y B L Z Y L I O I S C C P I C Z H V N Y C R S O I
Y J W I L F L T T N L E B E E T E D S C V P E N S
T B R S D Y C S A T J L I P L S M L E S W C T G T
R M E H K A I D Q C I P S J S L E T P C S H T G L
A T A L K L Y N T T A Y P P G G I I U T E I I E E
P T T E L L W T Z N O V N V N Y R W A R S M A R T
L Q H T M S R E B T Z N R A I I D N D E K N B L O
D A S H E R N K F M E R R Y T G D N V O N E D E E
T Q T H P A N N O U N C E M E N T L A N O Y Y R R
S T F I G S E L C I C I X Q E H E R R C M G D T L
S G N I D I T H P L O D U R R H A P P Y S A L E S
E G O O R C S T R A F F I C G G G Q X P I N E R Q
```

Advent	Cold	Festival	Jolly	Prancer	Stand
Angels	Comet	Fir	Lights	Presents	Star
Announcement	Crowds	Frosty	Lists	Punch	Tidings
Bells	Cupid	Fruitcake	Merry	Reindeer	Tinsel
Bethlehem	Dancer	Gifts	Miracle	Ribbon	Toys
Blitzen	Dasher	Goodwill	Mistletoe	Rudolph	Traffic
Candles	December	Greetings	Noel	Sacred	Trips
Candy	Decorations	Ham	Pageant	Sales	Turkey
Cards	Dolls	Happy	Parades	Sauce	Vacation
Cedar	Donner	Holiday	Party	Scrooge	Vixen
Celebrate	Dressing	Holly	Pie	Season	Wreath
Ceremonies	Eggnog	Holy	Pine	Sled	Yule
Chimney	Elves	Icicles	Poinsettia	Spirit	

WORD SEARCH 23

Find the words in the grid. Words can go horizontally, vertically and diagonally in all eight directions.

```
S D S J M E R R Y S P I R T H A P P Y W R E A T H
R C A F E S T I V A L E G O O R C S H Z Y T C J Z
E L L N N B S E L C I C I N O S A E S O I O H W N
K G E P P E N V R M L D S S T F I G Q R L O B S C
C O S M K T L Y Y E T L C T K N Z G I D L I T D Z
I N D A S H E R N T T R I E . J F P F Y K A D R D
T G C L T L R I J Y N T G W R N S E L D N A C A N
S G X V J E P A L T E M O C D E I Y J D Z R R Y Y
G E M Z M H S K T Q V S V C T O M C D F L A T J S
N D P A G E A N T S D L D R G B O O K N D D G A S
I E H P V M J T M Q A M A W S B R G N E A G U T D
T C E L E B R A T E K F K L O E E M C I X C S L F
E O E S Y Y R Y N O F K E N C R D L I M E I C D R
E R M G M T L V U I Y G H N Z Q C E L R L S H T O
R A I N G F R L C L N S A L W L X C C S A L G K S
G T S I W N I A O A E D E W I N T E R E P C F C T
X I T D B S I R P J M S C S E D A R A P M R L L Y
R O L I N D N S A N N O U N C E M E N T U B R E Z
R N E T O R C H S I Z K P N Y D Y B K I S V E T T
S S T B B A H O T E L G E U O E L L T Y T N I R R
A K O D B C I L H J R X D L N I K C Z B H W N Y N
C L E I I Q M L Z V I D L E T C A R Y H G R D O R
R H H P R V N Y N V D S M Z L K H L U X I T E M E
E J J U P R E S E N T S E D E S X W D T L L E G I
D N H C M J Y T R E N N O D P R A N C E R W R F P
```

Advent	Cold	Festival	Jolly	Presents	Star
Angels	Comet	Fir	Lights	Punch	Stickers
Announcement	Crowds	Frosty	Lists	Reindeer	Tidings
Bells	Cupid	Fruitcake	Merry	Ribbon	Tinsel
Bethlehem	Dancer	Gifts	Miracle	Sacred	Toys
Blitzen	Dasher	Goodwill	Mistletoe	Sales	Traffic
Candles	December	Greetings	Noel	Sauce	Trips
Candy	Decorations	Ham	Pageant	Scrooge	Turkey
Cards	Dolls	Happy	Parades	Season	Vixen
Cedar	Donner	Holiday	Party	Sled	Winter
Celebrate	Dressing	Holly	Pie	Spirit	Wreath
Ceremonies	Eggnog	Holy	Pine	St. Nick	Yule
Chimney	Elves	Icicles	Prancer	Stand	

WORD SEARCH 24

Find the words in the grid. Words can go horizontally, vertically and diagonally in all eight directions.

```
N M B J Y C T N A E G A P Z G K G V T T R R N M M
K P E S U D W P F C P D E R C A S N I U A B W K F
P R T E L E Q K R H D A S H E R S R I D R M H R R
M E H K E C G H O I Y N P L N N I D E S A K U M T
I S L A H O Y P S M R Q C O L P C C W H S I E M N
S E E L S R T L T N F Q E Y S I Z P B O T E T Y E
T N H F T A R O Y E R L N L D R W L U C R G R X V
L T E W H T A D T Y S M D S E N I D A N Y C T D D
E S M O G I P U Z L S O T E S T A K O D C T G T A
T P T N I O L R E E L . D T Z N E C W O E H D I N
O X R S L N T G V L N N S E L S Y O T N G L L N E
E F L D C S N L S I I I N P I N E M E R R Y S S X
A Z M O E A E C C E L M M C Q C E L E B R A T E I
T I L I X C R K R J N O S A E S S T F I G K L L V
S D T X R O E R E N N O D Z Q R S T I C K E R S R
D G C T O A E M S S E L D N A C E Y G R F H T I S
R O K G E C C P B T T X W P B P V M L S R R B M G
A N E D N S G L I E A H T V M E V K O L A B F W N
C G J A R F N D E W R R H D W H L S B N O L V X I
G G D H N C I I W R J E O I T I O L E N I J E H T
S E M M X N H R O K I T L P W X N L S D D E O S E
A B K T G L H A P P Y T L U F E S T I V A L S Y E
U R C S E L C I C I Y Q Y C Z X K N E D Y R N R R
C P R A N C E R H N N R T E M O C T J R A N A J G
E N M Z A N N O U N C E M E N T S T A N D Y X P M
```

Advent	Cold	Festival	Jolly	Prancer	Spirit
Angels	Comet	Fir	Lights	Presents	St. Nick
Announcement	Crowds	Frosty	Lists	Punch	Stand
Bells	Cupid	Fruitcake	Merry	Reindeer	Star
Bethlehem	Dancer	Gifts	Miracle	Ribbon	Stickers
Blitzen	Dasher	Goodwill	Mistletoe	Rudolph	Tidings
Candles	December	Greetings	Noel	Sacred	Tinsel
Candy	Decorations	Ham	Pageant	Sales	Toys
Cards	Dolls	Happy	Parades	Sauce	Turkey
Cedar	Donner	Holiday	Party	Scrooge	Vixen
Celebrate	Dressing	Holly	Pie	Season	Winter
Ceremonies	Eggnog	Holy	Pine	Sled	Yule
Chimney	Elves	Icicles	Poinsettia	Snowflakes	

WORD SEARCH 25

Find the words in the grid. Words can go horizontally, vertically and diagonally in all eight directions.

```
T G P X Z N M K F M E R R Y L P S E D A R A P M R
T O U S A U C E S B Y W Z S E L C I C I F F A R T
R N N Y C Z M T L Z P R A N C E R T R E N N O D Y
I G C J D L . I Y R E E D N I E R X B S P I R I T
P G H B Y N T W R A N N O U N C E M E N T R M N M
S E W P I Z A W M A P H T I T C T N A E G A P A T
D W V C E M J C R D C R P R W R E A T H Y M H M U
E N K N D A S H E R E L E L A V J R J W I N T E R
C C E L E B R A T E L C E S O T W V E T E M O C K
O K L R K P S H N R V L E B E D S X Y M O Y M B E
R Q S W M L I O O J C D I M E N U C C L O Y L N Y
A L D D E N E H L L I L K W B L T R H F L N S M E
T R H G W L F E S T I V A L D E L S I B I O I N I
I S N Y B O S P E R Q D H P N O R S M E T R J E P
O A L Z Y N R L Y M O R A D R H O T N T D K D T S
N T S E I T U C N S E W M Y O M L G E H H A P P Y
S R G T D Y R N T C Q S E L D N A C Y L M N R M N
E B N R B G K A N R R T Y Q N N S G B E K A X I E
A N I S F L N A P I V N Z M C E I D W H D L M S G
S D T D R D D I B L D E V P L F H I Z E N S S T O
O E E R O Q M B S D J V N A T E O P C M T C T L O
N R E A S K O E O S V D S S Q L L U K S O N H E R
M C R C T N V L V B E A K K T U L C I L Z Z G T C
R A G T Y L L V K B M R T L C Y Y L D F K F I O S
Z S L L E S J N E X I V D E K A C T I U R F L E L
```

Advent	Cold	Festival	Jolly	Presents	Stand
Angels	Comet	Fir	Lights	Punch	Star
Announcement	Crowds	Frosty	Lists	Reindeer	Tinsel
Bells	Cupid	Fruitcake	Merry	Ribbon	Toys
Bethlehem	Dancer	Gifts	Miracle	Rudolph	Traffic
Blitzen	Dasher	Goodwill	Mistletoe	Sacred	Trips
Candles	December	Greetings	Noel	Sales	Turkey
Candy	Decorations	Ham	Pageant	Sauce	Vixen
Cards	Dolls	Happy	Parades	Scrooge	Winter
Cedar	Donner	Holiday	Party	Season	Worship
Celebrate	Dressing	Holly	Pie	Sled	Wreath
Ceremonies	Eggnog	Holy	Pine	Spirit	Yule
Chimney	Elves	Icicles	Prancer	St. Nick	Yuletide

WORD SEARCH 26

Find the words in the grid. Words can go horizontally, vertically and diagonally in all eight directions.

```
F S Z V S T F I G K G J F X Y R C F E S T I V A L
D W D B J H B C D P V R A N N O U N C E M E N T A
L E X W G Y O E A Q U V I X E N Y T R A P W Y P I
N P C K O L U R L I H A P P Y R N A T L N Y D R T
Z S D E D R A L T L D E L S A H T L T P R B I E T
E C P H M D C C E Z S N V D C S P D L E M E P S E
L R M I E B A L L S A L E S W E E L C I N H U E S
C O R S R K E M N B J C F B Y R R N O I W H C N N
A O R H E T H R L B S Q T I C L A E P D O D L T I
R G E O N M S I P E T M H A R D L Y M L U D O S O
I E E L J W T M A T . V S M V H V O Y O T R Y O P
M B D L F Z H R G H N W A T T S S G J O N W C R G
F T N Y E Y G M E L I H L A L C D F Y Y V I W Z S
L D I N G L I W A E C Y E E S Z R S H D D O E E C
D E E N S N L P N H K R G T T F A K O O R N A S M
S C R P S A I Q T E W N S L N M C L C S L S A P R
G O F M N E U S P M A I V G E N L M H D O I U C C
N R T K E O L C S R L B G O V S N I I N N N D Q M
I A I F L I E W E E A D N N D Z P S M P C A N A R
T T R R N H P L P C R N F G A R E H N H W B T G Y
E I I O Q D A S H E R D C G N V R T E M O C V S G
E O P S Z C M E R R Y N R E L D J M Y T U R K E Y
R N S T Y M T N O B B I R E R M I S T L E T O E V
G S J Y F P S E L C I C I F F A R T S E L D N A C
F P Q C E L E B R A T E R E N N O D T I D I N G S
```

Advent	Cold	Festival	Jolly	Prancer	St. Nick
Angels	Comet	Fir	Lights	Presents	Stand
Announcement	Crowds	Frosty	Lists	Punch	Star
Bells	Cupid	Fruitcake	Merry	Reindeer	Tidings
Bethlehem	Dancer	Gifts	Miracle	Ribbon	Tinsel
Blitzen	Dasher	Goodwill	Mistletoe	Rudolph	Toys
Candles	December	Greetings	Noel	Sacred	Traffic
Candy	Decorations	Ham	Pageant	Sales	Trips
Cards	Dolls	Happy	Parades	Sauce	Turkey
Cedar	Donner	Holiday	Party	Scrooge	Vixen
Celebrate	Dressing	Holly	Pie	Season	Worship
Ceremonies	Eggnog	Holy	Pine	Sled	Wreath
Chimney	Elves	Icicles	Poinsettia	Spirit	Yule

WORD SEARCH 27

Find the words in the grid. Words can go horizontally, vertically and diagonally in all eight directions.

```
N C Y U L E N M D D L G G T R I P S N O B B I R C
P Y E L B R A B X E Z P H N E R Q V S T S K R O T
N L T R V H Y X N S C N R C I R X E I T N E L I V
H T L R E H C K B G M E U A E S V M I X I D D R M
Y O M L A M L R S N C A M C N L S C B N E I Z V B
M L L N I P O L W I S S N B E C K E D E N N E L E
C I B I P W E N J T N A L H E E E E R G L K I F T
H T S M D G D E I E D Y L E R R E R S D M L P D H
I D L T N A L O R E C X H S D R E N N O D S S I L
M H E A L C Y U O R S T C E L E B R A T E E Q P E
N F J R A E D L H G B F E S T I V A L K F L R U H
E R Y R C O T T I N S E L T H K N M G F H A A C E
Y R I D L A A O A N N O U N C E M E N T I S T X M
T M L P N E S J E D A S H E R Y E K R U T R S S D
H R H R R A F H X N B N G V W K K T E M O C T T E
O S W W N T C F T L L N R D Z S Y O T P T S P R C
L T H A P P Y T I N H A F A F S W Y F M I G E G O
L H K C I N . T S O D T P R R S D R L L J G S O R
Y G K P K N Z K L E C A H D O P U W R L O J D N A
K I T U Z E M Y C L G F D W S I D N O O O F R G T
K L N N N P I N E E Q O I V T R P L R R D J A G I
S E L C I C I F A J L N M C Y I K C R P C N C E O
T D R H F R N N C L T M A W Q T S S E D A R A P N
S E A S O N T P S E K K D M E R R Y T R N R W T S
S T N E S E R P R S E L D N A C M W S T F I G G S
```

Advent	Cold	Festival	Jolly	Presents	Stand
Angels	Comet	Fir	Lights	Punch	Star
Announcement	Crowds	Frosty	Lists	Reindeer	Stickers
Bells	Cupid	Fruitcake	Merry	Ribbon	Tidings
Bethlehem	Dancer	Gifts	Miracle	Rudolph	Tinsel
Blitzen	Dasher	Goodwill	Mistletoe	Sacred	Toys
Candles	December	Greetings	Noel	Sales	Trips
Candy	Decorations	Ham	Pageant	Sauce	Turkey
Cards	Dolls	Happy	Parades	Scrooge	Vixen
Cedar	Donner	Holiday	Party	Season	Winter
Celebrate	Dressing	Holly	Pie	Sled	Wreath
Ceremonies	Eggnog	Holy	Pine	Spirit	Yule
Chimney	Elves	Icicles	Prancer	St. Nick	

WORD SEARCH 28

Find the words in the grid. Words can go horizontally, vertically and diagonally in all eight directions.

```
Z X T N A E G A P R N R E N N O D R N O S A E S K
Q K S E L D N A C Y U M R C C E L E B R A T E Q T
T I D I N G S L L I W D O O G F P L E M M F D B O
F E S T I V A L S B N P O E R P D C Q G J Q E T Y
N M B K X L K L L P U N I L K W N H K O Y Q C I S
N N E W Q F E I T N N P N W P A A T K N T G O R T
P N T Q K G T S C P I N E F D H T Z R G R J R I H
M V H M N Z E H D A S H E R Q F S N F G A A A P G
I B L A E L A N N O U N C E M E N T R E P I T S I
S H E N A C O W C R G S V A C A T I O N M T I T L
T O H S N E X I V E L S G T D M C P S B M T O N B
L L E N L N D J T W R Y E N C E T H T J R E N E N
E L M F R U I T C A K E D D I W R F Y L I S S V W
T Y R E E D N I E R D G M N A T S C I M B N N D R
O Y P S E L C I C I D S N O A R E D A R B I T A E
E Z R H V J M B W Y E E S I N C A E W S O O J G A
K R E S O W M R E V L T C K S I W P R O N P I H T
C D S D N L A I L L S L I E G S E N R G R F S N H
I I E R V D I E R I L P O N M N E S W R T C Y T C
N P N A E M N D L A D S R J S B R R M S R P U R H
. U T C R A Z N A C C E T A Q E E X D O P R A D I
T C S K M H N X O Y E L L R N F L R O A K T O H M
S K M L C V T L M L N R E S I C D G H E S L O R N
R E T N I W D M U S A U C E W P E L Y Q L L M N E
M E R R Y J N Y T E M O C R R G S R K S Y T Y F Y
```

Advent	Cold	Festival	Jolly	Prancer	St. Nick
Angels	Comet	Fir	Lights	Presents	Stand
Announcement	Crowds	Frosty	Lists	Punch	Star
Bells	Cupid	Fruitcake	Merry	Reindeer	Tidings
Bethlehem	Dancer	Gifts	Miracle	Ribbon	Tinsel
Blitzen	Dasher	Goodwill	Mistletoe	Rudolph	Toys
Candles	December	Greetings	Noel	Sacred	Trips
Candy	Decorations	Ham	Pageant	Sales	Turkey
Cards	Dolls	Happy	Parades	Sauce	Vacation
Cedar	Donner	Holiday	Party	Scrooge	Vixen
Celebrate	Dressing	Holly	Pie	Season	Winter
Ceremonies	Eggnog	Holy	Pine	Sled	Wreath
Chimney	Elves	Icicles	Poinsettia	Spirit	Yule

WORD SEARCH 29

Find the words in the grid. Words can go horizontally, vertically and diagonally in all eight directions.

```
H W P M X C M N P J A N N O U N C E M E N T K K T
P I P Y I Q E G O U Y X C D K D M E G O O R C S T
L N M E R R Y R N B N L N K E E D S E L C I C I I
O T X Y S T A R E I B C L K M C M E V N N D X T R
D E N K L E C C F M S I H O B O E R L . N T P I I
U R M J G M D Q L I O S R H J R H M T S M N T N P
R D A S H E R A F E R N E M X A M S B W H E P S S
S Z H K Y B L R R P R D I R K T M S E E F V O E G
T L N U S Y U R R A E S M E D I C T T P R D I L O
H X L T E I E E K R P D I K S O W I H Y D A N D N
G E S K T C S X C K P R S D B N L C L T C G S I G
I I R C N E H A H M B A T B K S H K E R I O E P G
L U A A N S S O N N N C L H M O S E H A F O T U E
T K D T L L S O L N T I E R L E D R E P F D T C P
E N S E D E E H Q L T X T Y V G F S M K A W I H R
D W G G A L D K T Z Y P O L R S A L E S R I A I A
S N R S N O B O E T S W E H O L I D A Y T L B M N
A A O E L I Y N Y Q B D O T N A E G A P J L G N C
V N U L A S T R S R Y E W R Z C E L E B R A T E E
F I S C B T A E F G S D L O S T F I G X L P F Y R
R C X M E D H R E N N T N L R H G N R R C F P N T
O M F E E T C W Q R K I A A S C I Q K O E P T B T
S L L C N T E M O C G M D R C B G P L I A P I N E
T R E N N O D Z L F E S T I V A L D P H S T A N D
Y L S P I R T S E L D N A C T R E E D N I E R C K
```

Advent	Comet	Frosty	Merry	Ribbon	Tinsel
Angels	Crowds	Fruitcake	Miracle	Rudolph	Toys
Announcement	Cupid	Gifts	Mistletoe	Sacred	Traffic
Bells	Dancer	Goodwill	Noel	Sales	Trips
Bethlehem	Dasher	Greetings	Pageant	Sauce	Turkey
Blitzen	December	Ham	Parades	Scrooge	Vixen
Candles	Decorations	Happy	Party	Season	Winter
Candy	Dolls	Holiday	Pie	Sled	Worship
Cards	Donner	Holly	Pine	Spirit	Wreath
Cedar	Dressing	Holy	Poinsettia	St. Nick	Yule
Celebrate	Eggnog	Icicles	Prancer	Stand	
Ceremonies	Elves	Jolly	Presents	Star	
Chimney	Festival	Lights	Punch	Stickers	
Cold	Fir	Lists	Reindeer	Tidings	

WORD SEARCH 30

Find the words in the grid. Words can go horizontally, vertically and diagonally in all eight directions.

```
E R S M R L W H F B Q L L I W D O O G Y E K R U T
G D E P C K E D W I N T E R R E N N O D K L Q C N
O S E E I E J S N R R G D A S H E R L S A L E S Y
O D D C D R R T N K K O H O L I D A Y H C N U P U
R E P W E N I E K I H N S D S P M N M E R R Y X L
C R R R O M I T M H T G T E K G C E L E B R A T E
S C W M A R B E L O J G I L N H N K Y N K V L P T
X A W R S N C E R L N E C S S T F I G T Z H F R I
E S B T E N C Y R Y K I K E J S G G T W R R G E D
N L S E K A D E R G G D E A N D B M N E U A K S E
Y I U E L C T A R L M T R S T R I P S I E R P E D
L Y N Y O L D H W S A N S O L A L W T V S R T N I
G I N L H E S M L R H E J N L C R C Z V D S G T P
P N D D C D D E I N R V W Z T N A E G A P J E S U
T M L E Z L G R V R J D P R I K S E L D N A C R C
F I N C X N B K I F A A E C E R D Y Q H Y J Q J D
R S E O A O E C X Q H C I F E S T I V A L D P J N
O T I R S B T H E X N C L K C I N . T S H A N O M
S L P A T B H I N A L L T E P K M B S P R O E A D
T E X T H I L M D E T Y Y K S M L T L A D L L O C
Y T Y I G R E N S H B P L E L I A O D S S N L L J
B O J O I T H E K G P V V L T R D E F Y A L A J Y
X E J N L V E Y Q A V L T Z O U S L O J S U L T C
R Z T S L G M J H N E Q E X R J H T T E M O C T S
P O I N S E T T I A N N O U N C E M E N T L F E W
```

Advent	Cold	Festival	Jolly	Prancer	St. Nick
Angels	Comet	Fir	Lights	Presents	Stand
Announcement	Crowds	Frosty	Lists	Punch	Star
Bells	Cupid	Fruitcake	Merry	Reindeer	Stickers
Bethlehem	Dancer	Gifts	Miracle	Ribbon	Tinsel
Blitzen	Dasher	Goodwill	Mistletoe	Rudolph	Toys
Candles	December	Greetings	Noel	Sacred	Trips
Candy	Decorations	Ham	Pageant	Sales	Turkey
Cards	Dolls	Happy	Parades	Sauce	Vixen
Cedar	Donner	Holiday	Party	Scrooge	Winter
Celebrate	Dressing	Holly	Pie	Season	Wreath
Ceremonies	Eggnog	Holy	Pine	Sled	Yule
Chimney	Elves	Icicles	Poinsettia	Spirit	Yuletide

SOLUTION

WORD SEARCH 21

```
T Z X C P R A N C E R P O I N S E T T I A M R B R
J B O J T Q K D S R F L L D A S H E R R M R X E B
K L M E R R Y E N E Z M R K T C T T N O B B I R E
D T N V A M D C C E L E B R A T E K R E N N O D T
T F N K D P I O Y R X A L R T R S R W D D W Y L H
S M E S I A P R L F H R S V L E F R D E M B A C V
G P I T T R U A F H R S V L E F R D E M B A C V E
N R P H I A C T L F L A T P V Y A R D L O E T R H
I E D G O D L I N E I V P S D K C O Z N H N L S E
T S Z I N E T O G L R R E E A Q L W N H T C I L M
E E M L R S H N Z A L V N S E L D N A C A H V E S
E N P V T O A S D K L I Y N S G D S H J E I D F S
R T M U L W C E L E P C W D G M L E L C R M E R W
G S R Y N R C R K F F B S D N N I H C E W N R O T
N R D T O C E D E R L N P H O A I R O E D E C S M
W F O O D C H C U I S O I O L O C S A L M Y A T I
P Y G M N N U I T T E S R L J V G F S C I B S Y S
S E A A O A T Z S L X A I L M P N J N E L D E X S
G H D E S C E I U D T E T Y T R I P S M R E A R L
O Z L B A N L Y D S K S L R T N A E G A P D R Y E
N R X K T Z R X L I D A N N O U N C E M E N T L T
G F E S T I V A L L N W T I N S E L T E M O C Y O
G N R S T F I G B B O G O C S E L C I C I B Y Y E
E K C K C I N T S L J S R S L L E B H G I E L S S
R U D O L P H K W C S R E K C I T S L H A P P Y Q
```

WORD SEARCH 22

```
T N A E G A P W F E S T I V A L R R E E D N I E R
B L H N K G S R Y N O S A E S R T J L E Z L S S D
R B O R Q F N D E L J P D C E L E B R A T E T L K
T E M O C M I I W S L L R F D X M C R L T S H E R
T T Z L P N Z B R S R N J L P S J C E M E I I R F
R T J U S M C A D M E C T T U Q O N C N V T L Y R
F A N N A E D E V N I R Y S C L B E O Z D R K T O
V C T H K E D V R M O R D Z D L E X R C A R G R S
H Q B S C M X A W E P B A X T P T I A H S E P I T
S E L D N A C S R T M F B C N K H V T O D C O P Y
H Y L N N T R D A A R O R I L C L H I L R N I S N
Z O C U R O O M H U P E N L R E E H O L A A N G M
Y B L Z Y L I O I S C C P I C Z H V N Y C R S O I
Y J W I L F L T T N L E B E E T E D S C V P E N S
T B R S D Y C S A T J L I P L S M L E S W C T G T
R M E H K A I D Q C I P S J S L E T P C S H T G L
A T A L K L Y N T T A Y P P G G I I U T E I I E E
P T T E L L W T Z N O V N V N Y R W A R S M A R T
L Q H T M S R E B T Z N R A I I D N D E K N B L O
D A S H E R N K F M E R R Y T G D N V O N E D E E
T Q T H P A N N O U N C E M E N T L A N O Y Y R R
S T F I G S E L C I C I X Q E H E R R C M G D T L
S G N I D I T H P L O D U R R H A P P Y S A L E S
E G O O R C S T R A F F I C G G G Q X P I N E R Q
```

WORD SEARCH 23

```
S D S J M E R R Y S P I R T H A P P Y W R E A T H
R C A F E S T I V A L E G O O R C S H Z Y T C J Z
E L L N N B S E L C I C I N O S A E S O I O H W N
K G E P P E N V R M L D S S T F I G G R L O B S C
C O S M K T L Y Y E T L C T K N Z G I D L I T D Z
I N D A S H E R N T T R I E . J F P F Y K A D R D
T G C L T L R I J Y N T G W R N S E L D N A C A N
S G X V J E P A L T E M O C D E I Y J D Z R R Y Y
G E M Z M H S K T Q V S V C T O M C D F L A T J S
N D P A G E A N T S D L D R G B O O K N D D G A S
I E H P V M J T M Q A M A W S B R G N E A G U T D
T C E L E B R A T E K F K L O E E M C I X C S L F
E O E S Y Y R Y N O F K E N C R D L I M E I C D R
O R M G M T L V U I Y G H N Z Q C E L R L S H T O
R A I N G F R L C L N S A L W L X C C S A L G K S
G T S I W N I A O A E D E W I N T E R E P C F C T
X I T D B S I R P J M S C S E D A R A P M R L L Y
R O L I N D N S A N N O U N C E M E N T U B R E Z
R N E T O R C H S I Z K P N Y D Y B K I S V E T T
S S T B B A H O T E L G E U O E L L T Y T N I R R
A K O D B C I L H J R X D L N I K C Z B H W N Y N
C L E I I Q M L Z V I D L E T C A R Y H G R D O R
R H H P R V N Y N V D S M Z L K H L U X I T E M E
E J J U P R E S E N T S E D E S X W D T L L E G I
D N H C M J Y T R E N N O D P R A N C E R W R F P
```

WORD SEARCH 24

```
N M B J Y C T N A E G A P Z G K G V T T R R N M M
K P E S U D W P F C P D E R C A S N I U A B W K F
P R T E L E Q G K R H D A S H E R S R I D R M H R R
M E H K E C G H O I Y N P L N N I D E S A K U M T
I S L A H O Y P S M R Q C O L P C C W H S I E M M
S E E L S R T L T N F Q E Y S I Z P B O T E T Y E
T N H F T A R O Y E R L N L D R W L U C R G R X V
L E W H T A D T Y S M D S E N I D A N Y C T D D A
E S M O G I P U Z L S O T E S T A K O D C T G T A
P T N I O L R E E L . D T Z N E C W O E H D I N A
O X R S L N T G V L N N S E L S Y O T N G L L N E
E F L D C S N L S I I I N P I N E M E R R Y S S X
A Z M O E A E C C E L M M C Q C E L E B R A T E I
T I L I X C R K R J N O S A E S S T F I G K L L V
S D T X R O E R E N N O D Z Q R S T I C K E R S R
D G C T O A E M S S E L D N A C E Y G R F H T I S
R O K G E C C P B T T X W P B P V M L S R R B M G
A N E D N S G L I E A H T V M E V K O L A B F W N
C G J A R F N D E W R R H D W H L S B N O L V X I
G G D H N C I I W R J E O I T I O L E N I J E H T
S E M M X N H R O K I T L P W X N L S D D E O S E
A B K T G L H A P P Y T L U F E S T I V A L S Y E
U R C S E L C I C I Y Q Y C Z X K N E D Y R N R R
C P R A N C E R H N N R T E M O C T J R A N A J G
E N M Z A N N O U N C E M E N T S T A N D Y X P M
```

WORD SEARCH 25

```
T G P X Z N M K F M E R R Y L P S E D A R A P M R
T O U S A U C E S B Y W Z S E L C I C I F F A R T
R N N Y C Z M T L Z P R A N C E R T R E N N O D Y
I G C J D L . I Y R E E D N I E R X B S P I R I T
P G H B Y N T W R A N N O U N C E M E N T R M N M
S E W P I Z A W M A P H T I T C T N A E G A P A T
D W V C E M J C R D C R P R W R E A T H Y M H M U
E N K N D A S H E R E L E L A V J R J W I N T E R
C C E L E B R A T E L C E S O T W V E T E M O C K
O K L R K P S H N R V L E B E D S X Y M O Y M B E
R Q S W M L I O O J C D I M E N U C C L O Y L N Y
A L D D E N E H L L I L [illegible] [illegible] B L T R H F L N S M E
T R H G W L F E S T I V A L D E L S I B I O I N I
I S N Y B O S P E R Q D H P N O R S M E T R J E P
O A L Z Y N R L Y M O R A D R H O T N T D K D T S
N T S E I T U C N S E W M Y O M L G E H H A P P Y
S R G T D Y R N T C Q S E L D N A C Y L M N R M N
E B N R B G K A N R R T Y Q N N S G B E K A X I E
A N I S F L N A P I V N Z M C E I D W H D L M S G
S D T D R D I B L D E V P L F H I Z E N S S T O O
O E E R O Q M B S D J V N A T E O P C M T C T L R
N R E A S K O E O S V D S S Q L L U K S O N H E C
M C R C T N V L V B E A K K T U L C I L Z Z G T C
R A G T Y L L V K B M R T L C Y Y L D F K F I O S
Z S L L E S J N E X I V D E K A C T I U R F L E L
```

WORD SEARCH 26

```
F S Z V S T F I G K G J F X Y R C F E S T I V A L
D W D B J H B C D P V R A N N O U N C E M E N T A
L E X W G Y O E A Q U V I X E N Y T R A P W Y P I
N P C K O L U R L I H A P P Y R N A T L N Y D R T
Z S D E D R A L T L D E L S A H T L T P R B I E T
E C P H M D C C E Z S N V D C S P D L E M E P S E
L R M I E B A L L S A L E S W E E L C I N H U E S
C O R S R K E M N B J C F B Y R R N O I W H C N I
A R H E T H R L B S Q T I C L A E P D O D L T I O
R G E O N M S I P E T M H A R D L Y M L U D O S O
I E E L J W T M A T . V S M V H V O Y O T R Y O P
M B D L F Z H R G H N W A T T S S G J O N W C R G
F T N Y E Y G M E L I H L A L C D F Y Y V I W Z S
L D I N G L I W A E C Y E E S Z R S H D D O E E C
D E E N S N L P N H K R G T T F A K O O R N A S M
S C R P S A I Q T E W N S L N M C L C S L S A P R
G O F M N E U S P M A I V G E N L M H D O I U C C
N R T K E O L C S R L B G O V S N I I N N N D Q M
I A I F L I E W E E A D N N D Z P S M P C A N A R
T T R N R H P L P C R N F G A R E H N H W B T G Y
E I I O Q D A S H E R D C G N V R T E M O C V S G
E O P S Z C M E R R Y N R E L D J M Y T U R K E Y
R N S T Y M T N O B B I R E R M I S T L E T O E V
G S J Y F P S E L C I C I F F A R T S E L D N A C
F P Q C E L E B R A T E R E N N O D T I D I N G S
```

WORD SEARCH 27

```
N C Y U L E N M D D L G G T R I P S N O B B I R C
P Y E L B R A B X E Z P H N E R Q V S T S K R O T
N L T R V H Y X N S C N R C I R X E I T N E L I V
H T L R E H C K B G M E U A E S V M I X I D D R M
Y O M L A M L R S N C A M C N L S C B N E I Z V B
M L L N I P O L W I S S N B E C K E D E N N E L
C I B I P W E N J T N A L H E E E E R G L K I F T
H T S M D G D E I E D Y L E R R E R S D M L P D H
I D L T N A L O R E C X H S D R E N N O D S S I L
M H E A L C Y U O R S T C E L E B R A T E E Q P E
N F J R A E D L H G B F E S T I V A L K F L R U H
E R Y R C O T T I N S E L T H K N M G F H A A C T
V R I D L A A O A N N O U N C E M E N T I S T X M
T M L P N E S J E D A S H E R Y E K R U T R S S D
H R H R R A F H X N B N G V W K K T E M O C T T E
O S W W N T C F T L L N R D Z S Y O T P T S P R C
L T H A P P Y T I N H A F A F S W Y F M I G E G O
L Y K C I N T S O D T P R R S D R L L J G S O R R
Y G K P K N Z K L E C A H D O P U W R L O J D N A
K I T U Z E M Y C L G F D W S I D N O O O F R G T
K L N N N P I N E E Q O I V T R P L R R D J A G I
S E L C I C I F A J L N M C Y I K C R P C N C E O
T D R H F H N C L T M A W Q T S S E D A R A P N
S E A S O N T P S E K K D M E R R Y T R N R W T S
S T N E S E R P R S E L D N A C M W S T F I G G S
```

WORD SEARCH 28

```
Z X T N A E G A P R N R E N N O D R N O S A E S K
Q K S E L D N A C Y U M R C C E L E B R A T E Q T
T I D I N G S L L I W D O O G F P L E M M F D B O
F E S T I V A L S B N P O E R P D C Q G J Q E T Y
N M B K X L K L L P U N I L K W N H K O Y Q C I S
N N E W Q F E I T N N P N W P A A T K N T G O R T
P N T Q K G T S C P I N E F D H T Z R G R J R I H
M V H M N Z E H D A S H E R O G F S N F G A A A P
I B L A E L A N N O U N C E M E N T R E P I T S I
S H E N A C O W C R G S V A C A T I O N M T I T L
L L E N L N D J T W R Y E N C E T H T J R E N E N
E L M F R U I T C A K E D D I W R F Y L I S S V W
T Y R E E D N I E R D G M N A T S C I M B N N D R
O Y P S E L C I C I D S N O A R E D A R B I T A E
E Z R H V J M B W Y E E S I N C A E W S O O J G A
K R E S O W M R E V L T C K S I W P R O N P I H T
C D S D N L A I L L S L I E G S E N R G R F S N L
I I E R V D I E R I L P O N M N E S W R T C Y T C
N P N A E M N D L A D S R J S B R R M S R P U R H
. U T C R A Z N A C C E T A Q E E X D O P R A D I
T C S K M H N X O Y E L L R N F L R O A K T O H M
S K M L C V T L M L N R E S I C D G H E S L O R M
R E T N I W D M U S A U C E W P E L Y Q L L M N E
M E R R Y J N Y T E M O C R R G S R K S Y T Y F Y
```

WORD SEARCH 29

WORD SEARCH 30

SPRING

WORD SEARCH 31

Find the words in the grid. Words can go horizontally, vertically and diagonally in all eight directions.

```
P K A N N O U N C E M E N T J G L E O N
A S R C E S W S A U C E D F R O S T Y L
R E O I T R T E M T F O S S E L D N A C
A L P A A S Y V N F L B P U N C H G J R
D C R D L L R L R L H O L Y K R O B E Q
E I E E L I G E S T E M O C Y O L C S F
S C D O F V E M L I G H T S D I N S A R
C I H C C E L E B R A T E W T A L F L U
H B D A S H E R E U L B I Z D E W E E I
I C S E Y R E N N O D L E E G D E S S T
M P E D C T N P Q S L N V N M E N T D C
N B B R W E R U P D P I A E T C A I I A
E E N E E O M A M R L I R N N O D V P K
Y T G R L M R B P A I R N D E R R A U E
L H G I G L O C E C Y B X E V A E L C N
I L X R F O S N J R Y G B Q D T S Y N O
S E S Y O T N V I O E D M O A I S P A S
T H Y R I A S G R E L L N A N O I P E A
S E S A C R E D G N S L U A H N N A L E
M M D S G N I T E E R G Y Y C S G H C S
```

Advent	Cards	December	Gifts	Merry	Sauce
airy	Cedar	Decorations	Goodwill	new	Season
alive	Celebrate	Dolls	green	Noel	Sled
anew	Ceremonies	Donner	Greetings	Parades	soft
Angels	Chimney	Dressing	Ham	Party	Star
Announcement	clean	Eggnog	Happy	Pie	Toys
Bells	Cold	Elves	Holly	Pine	Yule
Bethlehem	Comet	Festival	Holy	Punch	
Blitzen	Crowds	Fir	Icicles	pure	
blue	Cupid	free	Jolly	Ribbon	
Candles	Dancer	Frosty	Lights	Sacred	
Candy	Dasher	Fruitcake	Lists	Sales	

WORD SEARCH 32

Find the words in the grid. Words can go horizontally, vertically and diagonally in all eight directions.

```
G R E E T I N G S Z T E L C A R I M K P
W E N A N N O U N C E M E N T N H R I B
P S D R E S S I N G T L D S A U C E F S
Y A T M T E T C Z G U S R E N N O D R E
R D R A X B N S E Y O J D H C R N N O V
R S N T R E E I I R O N F W O E P E S L
E T T A Y T V M P L E S G I O L M T T E
M A M T C H D E L B L M C G R R L B Y B
D N N O E L A Y U E E O O V E H C Y E B
E D A S H E R F G L L L N T F Z M L R
C I P P S H R N R D B A L Y I V R I A N
O C Y U U E A E F M V H J S N E T E Y H
R I P N L M C R L I S O D Q S Z S A E N
A C P C Y N U L T K D L I S E L D N A C
T L A H A I I S N S R Y P N L I D N S H
I E H D T W E R Y L A D U M L O E P E I
O S J C D F A O X F C E C O L W I G L M
N N A O P D T E M O C L H L Y R I A A N
S K O F E S T H G I L S S S T F I G S E
E G R C F A I R C E L E B R A T E Z M Y
```

Advent	Cards	December	Frosty	Jolly	Punch
airy	Cedar	Decorations	Fruitcake	Lights	Sales
anew	Celebrate	Dolls	Gifts	Lists	Sauce
Angels	Ceremonies	Donner	Goodwill	lush	Sled
Announcement	Chimney	Dressing	Greetings	Merry	Stand
Bells	Cold	Eggnog	Ham	Miracle	Star
Bethleham	Comet	Elves	Happy	new	tender
Blitzen	Crowds	fair	Holiday	Noel	Tinsel
blue	Cupid	Festival	Holly	Party	Toys
Candles	Dancer	Fir	Holy	Pie	Trips
Candy	Dasher	free	Icicles	Pine	Yule

WORD SEARCH 33

Find the words in the grid. Words can go horizontally, vertically and diagonally in all eight directions.

```
S  D  D  R  E  S  S  I  N  G  L  N  T  T  E  M  O  C  N  J
D  A  S  H  E  R  D  N  A  T  S  S  R  I  C  I  C  L  E  S
T  E  C  H  N  N  E  W  S  E  L  D  N  A  C  H  C  N  U  P
J  C  C  R  O  F  V  P  O  E  E  Y  L  L  O  J  T  G  R  M
L  L  E  E  E  L  I  Z  G  R  D  F  R  U  I  T  C  A  K  E
A  T  L  R  M  D  L  N  E  P  C  C  E  L  E  B  R  A  T  E
V  D  B  V  E  B  A  Y  E  Y  R  B  T  S  S  T  H  G  I  L
I  E  E  R  G  M  E  W  R  I  L  J  N  D  S  A  L  E  S  L
T  C  T  Y  G  T  O  R  F  I  C  D  E  R  N  E  M  T  Y  Y
S  O  H  A  N  W  E  N  T  F  O  S  V  A  Y  O  V  L  O  P
E  R  L  D  O  M  E  Z  I  L  Y  C  D  C  S  T  B  L  T  P
F  A  E  I  G  W  E  R  L  E  L  H  A  Y  E  B  R  B  E  A
E  T  H  L  J  N  E  S  G  R  S  I  D  P  D  M  E  A  I  H
L  I  E  O  M  C  Y  O  A  C  E  M  I  E  A  N  A  L  P  R
U  O  M  H  N  T  O  D  O  C  R  N  P  U  R  P  A  H  L  H
Y  N  M  A  S  D  E  L  U  A  E  E  U  L  A  G  I  C  L  S
H  S  D  O  W  C  D  A  W  T  Z  Y  C  B  P  R  I  E  I  R
O  K  R  I  A  F  S  G  N  I  T  E  E  R  G  Z  M  F  S  A
L  F  L  A  I  R  Y  A  N  N  O  U  N  C  E  M  E  N  T  T
Y  L  L  M  R  E  N  N  O  D  P  A  G  E  A  N  T  L  S  S
```

Advent	Cedar	Dolls	Goodwill	new	Sled
airy	Celebrate	Donner	Greetings	Noel	soft
alive	Ceremonies	Dressing	Ham	Pageant	Stand
Angels	Chimney	Eggnog	Happy	Parades	Star
Announcement	Cold	Elves	Holiday	Party	Toys
Bells	Comet	fair	Holly	Pie	warm
Bethlehem	Crowds	Festival	Holy	Pine	Yule
Blitzen	Cupid	Fir	Icicles	Punch	
blue	Dancer	free	Jolly	Ribbon	
Candles	Dasher	Frosty	Lights	Sacred	
Candy	December	Fruitcake	Lists	Sales	
Cards	Decorations	Gifts	Merry	Sauce	

WORD SEARCH 34

Find the words in the grid. Words can go horizontally, vertically and diagonally in all eight directions.

```
Y P P A H T B S G N I T E E R G F A I R
C W K L A G S N O I T A R O C E D R A K
M E E H P P A N N O U N C E M E N T P Z
B O R S P R I R R H D A S H E R S I X D
N F F E Y L A E O C H E E R Y J N N O N
V R R R M D F L M Y V S A U C E O N W D
D O U F E O I S E L D N A C B B N L E V
I S I C G D N M E L M F O L S E E R L S
P T T D A N B I P O L A I B R T C L T Y
U Y C Y E H I L E H N T H R B A S A L G
C T A B R C Y S U S Z K E C S I N I N S
H N K E Y I E D S E R C S H L D R I L G
Q E E T R D A M N E N W T I E R W Y O G
R V S H R O S C B A R T F M D E L O S N
G D D L E L O X D E C D I N N O D L R N
O A R E M L F S P I R T G E H W E F E C
N Y A H D S T H G I L P R Y I G Q W T H
G U C E C E L E B R A T E L N T O Y S R
G L J M I C I C L E S L L A L H C N U P
E E T E M O C F E S T I V A L P A R T Y
```

Advent	Cedar	December	Frosty	Icicles	renewing
airy	Celebrate	Decorations	Fruitcake	Jolly	Ribbon
Angels	Ceremonies	Dolls	Gifts	Lights	Sacred
Announcement	cheery	Donner	Goodwill	Lists	Sauce
Bells	Chimney	Dressing	Greetings	Merry	Sled
Bethlehem	Cold	Eggnog	Ham	new	soft
Blitzen	Comet	Elves	Happy	Noel	Stand
blue	Crowds	fair	happy	Party	Star
Candles	Cupid	Festival	Holiday	Pie	Toys
Candy	Dancer	Fir	Holly	Pine	Trips
Cards	Dasher	fresh	Holy	Punch	Yule

WORD SEARCH 35

Find the words in the grid. Words can go horizontally, vertically and diagonally in all eight directions.

```
Y U L E B D Y E B Y G C E L E B R A T E
B L P W S E D D N L D N A T S E P A G P
L T O L V O L Y M I U N T R C I B I G C
A D E H N Y L L O H P E A N E T E R I P
V D O N N R Y T S O R F A C N R T Y F F
I B E L S E L D N A C D G A A M H G T R
T R S A L E S Y C T R K E D L V L O S U
S C N P D S E R H Y I G E H M B E O L I
E Z E A E W V R I P A C A N L J H D D T
F T X R C A L E M P F P G I O Y E W E C
R N I T E R E M N H P S T O L E M I C A
F E V Y M M Y K E Y A Z D L N C L L O K
S V H N B H O S Y H E M O W O G E L R E
T D O X E S L N G N L J R L O A G M A R
H A L R R E S L I S T S D Y N R M E T R
G J I W G R D G R E E T I N G S C V I D
I F D N E F R N A S S E L C I C I I O I
L R A T S N A N N O U N C E M E N T N P
J N Y S A U C E E F T E M O C R J C S U
G N I S S E R D W T D A S H E R R A D C
```

active	Candy	Dancer	Fir	Holy	Pine
Advent	Cards	Dasher	fresh	Icicles	Sales
airy	Cedar	December	Frosty	Jolly	Sauce
anew	Celebrate	Decorations	Fruitcake	Lights	Sled
Angels	Ceremonies	Dolls	Gifts	Lists	soft
Announcement	Chimney	Donner	Goodwill	Merry	Stand
Bells	clean	Dressing	Greetings	new	Star
Bethlehem	Cold	Eggnog	Ham	Noel	Vixen
Blitzen	Comet	Elves	Happy	Pageant	warm
blue	Crowds	fair	Holiday	Party	Yule
Candles	Cupid	Festival	Holly	Pie	

WORD SEARCH 36

Find the words in the grid. Words can go horizontally, vertically and diagonally in all eight directions.

```
L E P C E L E B R A T E S D W O R C R G
S C I N T C Y S E L A S P A T D B H I M
E U E F O R H G W E N I G Y C L E F F R
I A O M R A W O R B N D P N I R T L E G
N S E E S C T N V E L P E T I S E C S D
O T M R D O T G F T A C Z C Q T N D O M
M D L U R L N G R H L E H M E A E L W A
E E I P A D E E O L N I Y I D M L E G H
R C K P C L V A S E Y A G T M S B I R Q
E O H A U J D I T H P M E H R N F E V G
C R F S C C A R Y E F H V L T A E I R E
H A H H R T S Y S M C R G Q C S P Y R G
O T Y H O E I L A N N O U N C E M E N T
L I U D V L E U U B I H O L I D A Y F R
Y O L L N G L P R C P M F B Q S N N A S
S N E D N A V Y I F R A T S E N S D I Y
T S T A N D C C S E L D N A C L E E R O
S K N O E L L N D A S H E R G C L E R T
I E U L B E R E N N O D Y L L O J S R D
L Z F E S T I V A L L L I W D O O G Y G
```

Advent	Cedar	Decorations	Goodwill	lush	Sled
airy	Celebrate	Dolls	green	Merry	soft
alive	Ceremonies	Donner	Greetings	new	Stand
Angels	Chimney	Dressing	Ham	Noel	Star
Announcement	clean	Eggnog	Happy	Party	Toys
Bells	Cold	Elves	Holiday	Pie	warm
Bethlehem	Comet	fair	Holly	Pine	Yule
Blitzen	Crowds	Festival	Holy	Punch	

WORD SEARCH 37

Find the words in the grid. Words can go horizontally, vertically and diagonally in all eight directions.

```
W Y Y L C E L E B R A T E H F B N G R Y
E A P A I C P P M L I S T S L O I I L A
N D P I R G E I F A B D N I E F B L L W
A I A R E T H R N I H Y T L T B O I E S
D L H Y C N G T E E R Z D S O H V N Y F
E O P O N E R N S M E D E N T E M O C R
C H L G A V B B I N O S E L A R T M D U
O D C R R D E T E S J N D L C C I O Z I
R P R E P A T G F L S D I W S A L P S T
A A S E V P H M N O L E E E O L R L S C
T G D T J P L D K G S S R C S R E I S A
I E R I O U E I Y O A F J D E G C E M K
O A A N L N H P R N L R J N N M V L R E
N N C G L C E U R G E O C A G L B E M S
S T M S Y H M C E G S S H E E S C E T T
A N N O U N C E M E N T I L G N T E R A
L L I W D O O G H O L Y M C A R I A F R
Y T R A P S E L D N A C N D B P D B N Z
N D A S H E R P A R A D E S R E N N O D
F E S T I V A L E U L B Y L C E C U A S
```

Advent	Cards	December	Gifts	Miracle	Sauce
airy	Cedar	Decorations	Goodwill	new	Sled
alive	Celebrate	Dolls	Greetings	Noel	soft
anew	Ceremonies	Donner	Ham	Pageant	Stand
Angels	Chimney	Dressing	Happy	Parades	Star
Announcement	clean	Eggnog	Holiday	Party	Toys
Bells	Cold	Elves	Holly	Pie	Trips
Bethlehem	Comet	fair	Holy	Pine	
Blitzen	Crowds	Festival	Jolly	Prancer	
blue	Cupid	Fir	Lights	Punch	
Candles	Dancer	Frosty	Lists	Ribbon	
Candy	Dasher	Fruitcake	Merry	Sales	

WORD SEARCH 38

Find the words in the grid. Words can go horizontally, vertically and diagonally in all eight directions.

```
C  S  P  S  E  N  L  L  I  W  D  O  O  G  W  R  J  Z  W  S
H  L  D  N  E  E  A  N  N  O  U  N  C  E  M  E  N  T  R  Y
I  A  I  W  L  V  D  E  L  S  O  E  N  T  H  B  N  A  Z  O
M  P  I  U  O  M  L  E  V  E  B  A  I  A  D  M  D  S  Y  T
N  K  Y  R  Y  R  G  E  L  L  N  T  M  P  C  E  R  T  A  N
E  H  O  L  Y  G  C  C  I  K  T  E  M  O  C  C  P  A  D  B
Y  R  L  S  N  O  I  T  A  R  O  C  E  D  Y  E  Q  N  I  E
C  O  P  O  N  R  Z  D  A  S  H  E  R  D  R  D  M  D  L  T
H  E  G  U  E  E  R  P  T  G  N  E  U  I  R  L  N  A  O  H
K  K  R  C  N  K  X  A  N  I  K  V  P  P  E  F  V  A  H  L
B  Y  N  E  F  C  R  I  E  F  F  I  R  U  M  I  S  G  C  E
J  A  P  M  M  R  H  T  V  T  F  T  M  C  T  L  Y  R  T  H
D  Y  N  P  L  O  O  K  D  S  V  C  X  S  E  G  T  E  R  E
B  Z  Y  N  A  I  N  S  A  T  N  A  E  G  A  P  R  E  S  M
S  E  L  A  S  H  S  I  T  L  S  F  N  D  D  C  A  T  E  S
C  E  L  E  B  R  A  T  E  Y  D  A  V  C  O  Z  P  I  L  A
L  R  O  L  E  C  U  A  S  S  R  T  K  L  N  L  R  N  C  C
U  B  J  J  S  S  E  D  A  R  A  P  D  M  N  R  L  G  I  R
S  G  N  I  S  S  E  R  D  F  C  H  T  A  E  R  W  S  C  E
H  L  I  G  H  T  S  S  E  L  D  N  A  C  R  P  G  W  I  D
```

active	Candy	Dasher	Gifts	Lists	pure
Advent	Cards	December	Goodwill	lush	Sacred
airy	Cedar	Decorations	Greetings	Merry	Sales
anew	Celebrate	Dolls	Ham	new	Sauce
Angels	Ceremonies	Donner	Happy	Noel	Sled
Announcement	Chimney	Dressing	Holiday	Pageant	Stand
Bells	Cold	Eggnog	Holly	Parades	Star
Bethlehem	Comet	Elves	Holy	Party	Toys
Blitzen	Crowds	Festival	Icicles	Pie	Vixen
breezy	Cupid	Fir	Jolly	Pine	Wreath
Candles	Dancer	Frosty	Lights	Punch	Yule

WORD SEARCH 39

Find the words in the grid. Words can go horizontally, vertically and diagonally in all eight directions.

```
T E M O C K S Y O T R S P R E N N O D C
F W S D E L S Y D C R S D A A I R Y A H
R E H T E R L L O N I E D W R L T P N I
O N C O S L A L N G A L E L O T H P E M
S S N K O I D T R O F C C U C R Y A W N
T D U H P W L N S N S I O S L B C H S E
Y R P D A S H E R G T C R H L B B A G Y
M A J O L L Y V C G N I A I K H L I R D
K C B W K X U D Z E E F T T M E F A O S
F S E A L D L A C M S Z I I S T D L L R
R T T R C P E G L E E N O R S E L E Z M
U H H M I H B C N N R X N I C S G S E Y
I G L N A H O E E I P E S P D N E R P A
T I E W L H C L L M S H M S A V R R I D
C L H S A U C E Y L B S N O L Y E T E I
A C E L E B R A T E S E E E N C V E D L
K M M S G N I T E E R G R R N I R X I O
E A N N O U N C E M E N T A D F E T P H
W F E S T I V A L G O O D W I L L S U K
T F O S S E L D N A C E L C A R I M C X
```

Advent	Cards	December	Frosty	Jolly	Presents
airy	Cedar	Decorations	Fruitcake	Lights	Punch
anew	Celebrate	Dolls	Gifts	Lists	Sales
Angels	Ceremonies	Donner	Goodwill	lush	Sauce
Announcement	Chimney	Dressing	Greetings	Merry	Sled
Bells	Cold	Eggnog	Ham	Miracle	soft
Bethlehem	Comet	Elves	Happy	new	Spirit
Blitzen	Crowds	fair	Holiday	Noel	Star
blue	Cupid	Festival	Holly	Party	Toys
Candles	Dancer	Fir	Holy	Pie	warm
Candy	Dasher	free	Icicles	Pine	Yule

WORD SEARCH 40

Find the words in the grid. Words can go horizontally, vertically and diagonally in all eight directions.

```
D L L I W D O O G L J F R C T K F A I R
E H O L L Y C M T O N R O P Y R R E M E
C Y G S I B D E L S E L R A P D U G I L
O P R Y S E L L R C D A W R G I I O C C
R P E O T T Y E N E D P E T T P T N I A
A A E T S H C A O E M S N Y R U C G C R
T H T L S L D G C N E O A M S C A G L I
I N I C A E R E N N O D N E A Q K E E M
O P N H L H A D T I I T V I T H E X S S
N I G I E E D S E L S L P G E S D B S D
S N S M S M L T O C E S I Y L S L T O R
L E A N F K R H T N E F E E D I A L N A
Y B T E M O C G N R T M G R T N L L X C
S F E Y L J F I E S A N B Z D S A C J R
B D I L E C R L V Q A T E E S A U C E V
H L W R L T O H D W E N S T R A F F I C
E O U O Y S S J A V X C E L E B R A T E
E P L E R U T A N N O U N C E M E N T Z
R L I Y L C Y R K F E S T I V A L M R L
F P S E L D N A C R Y Y D A S H E R J B
```

Advent	Cedar	December	Frosty	Jolly	Presents
anew	Celebrate	Decorations	Fruitcake	Lights	pure
Angels	Ceremonies	Dolls	Gifts	Lists	Sales
Announcement	Chimney	Donner	Goodwill	lush	Sauce
Bells	clean	Dressing	Greetings	Merry	Season
Bethlehem	Cold	Eggnog	Ham	Miracle	Sled
Blitzen	Comet	Elves	Happy	new	Stand
blue	Crowds	fair	Holiday	Noel	Star
Candles	Cupid	Festival	Holly	Party	Toys
Candy	Dancer	Fir	Holy	Pie	Traffic
Cards	Dasher	free	Icicles	Pine	

SOLUTION

WORD SEARCH 31

P K A N N O U N C E M E N T J G L E O N
A S R C E S W S A U C E D F R O S T Y L
R E O I T R T E M T F O S S E L D N A C
A L P A A S Y V N F L B P U N C H G J R
D C R D L L R L R L H O L Y K R O B E Q
E I E E L I G E S T E M O C Y O L C S F
S C D O F V E M L I G H T S D I N S A R
C I H C C E L E B R A T E W T A L F L U
H B D A S H E R E U L B I Z D E W E E I
I C S E Y R E N N O D L E E G D E S S T
M P E D C T N P Q S L N V N M E N T D C
N B B R W E R U P D P I A E T C A I I A
E E N E E O M A M R L I R N N O D V P K
Y T G R L M R B P A I R N D E R R A U E
L H G I G L O C E C Y B X E V A E L C N
I L X R F O S N J R Y G B Q D T S Y N O
S E S Y O T N V I O E D M O A I S P A S
T H Y R I A S G R E L L N A N O I P E A
S E S A C R E D G N S L U A H N A L E E
M M D S G N I T E E R G Y Y C S G H C S

WORD SEARCH 32

G R E E T I N G S Z T E L C A R I M K P
W E N A N N O U N C E M E N T N H R I B
P S D R E S S I N G T L D S A U C E F S
Y A T M T E T C Z G U S R E N N O D R E
R D R A X B N S E Y O J D H C R N O O L
R S N T R E E I I R O N F W O E P E S L
E T T A Y T V M P L E S G I O L M T T E
M A M T C H D E L B L M C G R R R L Y B
D N N O E L A Y U E E O O V E H C Y E B
E D A S H E R F G L L L L N T F Z M L R
C I P P S H R N R D B A L Y I V R I A N
O C Y U U E A E F M V H J S N E T E Y H
R I P N L M C R L I S O D Q S Z S A E N
A C P C Y N U L T K D L I S E L D N A C
T L A H A I I S N S R Y P N L I D N S H
I E H D T W E R Y L A D U M L O E P E I
O S J C D F A O X F C E C O L W I G L M
N N A O P D T E M O C L H L Y R I A A N
S K O F E S T H G I L S S S T F I G S E
E G R C F A I R C E L E B R A T E Z M Y

WORD SEARCH 33

```
S D D R E S S I N G L N T T E M O C N J
D A S H E R D N A T S S R I C I C L E S
T E C H N N E W S E L D N A C H C N U P
J C C R O F V P O E E Y L L O J T G R M
L L E E E L I Z G R D F R U I T C A K E
A T L R M D L N E P C C E L E B R A T E
V D B V E B A Y E Y R B T S S T H G I L
I E E R G M E W R I L J N D S A L E S L
T C T Y G T O R F I C D E R N E M T Y Y
S O H A N W E N T F O S V A Y O V L O P
E R L D O M E Z I L Y C D C S T B L T P
F A E I G W E R L E L H A Y E B R B E A
E T H L J N E S G R S I D P D M E A I H
L I E O M C Y O A C E M I E A N A L P R
U O M H N T O D O C R N P U R P A H L H
Y N M A S D E L U A E E U L A G I C L S
H S D O W C D A W T Z Y C B P R I E I R
O K R I A F S G N I T E E R G Z M F S A
L F L A I R Y A N N O U N C E M E N T T
Y L L M R E N N O D P A G E A N T L S S
```

WORD SEARCH 34

```
Y P P A H T B S G N I T E E R G F A I R
C W K L A G S N O I T A R O C E D R A K
M E E H P P A N N O U N C E M E N T P Z
B O R S P R I R R H D A S H E R S I X D
N F F E Y L A E O C H E E R Y J N N O N
V R R R M D F L M Y V S A U C E O N W D
D O U F E O I S E L D N A C B B N L E V
I S I C G D N M E L M F O L S E E R L S
P T T D A N B I P O L A I B R T C L T Y
U Y C Y E H I L E H N T H R B A S A L G
C T A B R C Y S U S Z K E C S I N I N S
H N K E Y I E D S E R C S H L D R I L G
Q E E T R D A M N E N W T I E R W Y O G
R V S H R O S C B A R T F M D E L O S N
G D D L E L O X D E C D I N N O D L R N
O A R E M L F S P I R T G E H W E F E C
N Y A H D S T H G I L P R Y I G Q W T H
G U C E C E L E B R A T E L N T O Y S R
G L J M I C I C L E S L L A L H C N U P
E E T E M O C F E S T I V A L P A R T Y
```

WORD SEARCH 35

```
Y U L E B D Y E B Y G C E L E B R A T E
B L P W S E D D N L D N A T S E P A G P
L T O L V O L Y M I U N T R C I B I G C
A D E H N Y L L O H P E A N E T E R Y P
V D O N N R Y T S O R F A C N R T Y F F
I B E L S E L D N A C D G A A M H G T R
T R S A L E S Y C T R K E D L V L O S U
S C N P D S E R H Y I G E H M B E O L I
E Z E A E W V R I P A C A N L J H D D T
F T X R C A L E M P F P G I O Y E W C A
R N I T E R E M N H P S T O L E M I C K
F E V Y M M Y K E Y A Z D L N C L L O E
S V H N B H O S Y H E M O W O G E L R R
T D O X E S L N G N L J R L O A G M A R
H A L R R E S L I S T S D Y N R M E T R
G J I W G R D G R E E T I N G S C V I D
I F D N E F R N A S S E L C I C I I O P
L R A T S N A N N O U N C E M E N T N P
J N Y S A U C E E F T E M O C R J C S U
G N I S S E R D W T D A S H E R R A D C
```

WORD SEARCH 36

```
L E P C E L E B R A T E S D W O R C R G
S C I N T C Y S E L A S P A T D B H I M
E U E F O R H G W E N I G Y C L E F F R
I A O M R A W O R B N D P N I R T L E G
N S E E S C T N V E L P E T I S E C S D
O T M R D O T G F T A C Z C Q T N D O M
M D L U R L N G R H L E H M E A E L W A
E E I P A D E E O L N I Y I D M L E G H
R C K P C L V A S E Y A G T M S B I R Q
E O H A U J D I T H P M E H R N F E V G
C R F S C C A R Y E F H V L T A E I R E
H A H H R T S Y S M C R G Q C S P Y R G
O T Y H O E I L A N N O U N C E M E N T
L I U D V L E U U B I H O L I D A Y F R
Y O L L N G L P R C P M F B Q S N N A S
S N E D N A V Y I F R A T S E N S D I Y
T S T A N D C C S E L D N A C L E E R O
S K N O E L L N D A S H E R G C L E R T
I E U L B E R E N N O D Y L L O J S R D
L Z F E S T I V A L L L I W D O O G Y G
```

WORD SEARCH 37

```
W Y Y L C E L E B R A T E H F B N G R Y
E A P A I C P P M L I S T S L O I L A
N D P I R G E I F A B D N I E F B L L W
A I A R E T H R N I H Y T L T B O I E S
D L H Y C N G T E E R Z D S O H V N Y F
E O P O N E R N S M E D E N T E M O C R
C D C L G A V B B I N O S E L A R T M U
O D C R R D E T E S J N D L C C I O Z I
R P R E P A T G F L S D I W S A L P S T
A S E V P H M N O L E E E O L R L S C A
T D T J P L D K G S S R C S R E I S K
I R I Q U E I Y O A F J D E G C E M R E
O A N L N H P R N L R J N N M V L R E
N N C G L C E U R G E O C A G L B E M S
S T M S Y H M C E G S S H E E S C E T T
A N N O U N C E M E N T I L G N T E R A
L L L I W D O O G H O L Y M C A R I A F R
Y T R A P S E L D N A C N D B P D B N Z
N D A S H E R P A R A D E S R E N N O D
F E S T I V A L E U L B Y L C E C U A S
```

WORD SEARCH 38

```
C S P S E N L L I W D O O G W R J Z W S
H L D N E E A N N O U N C E M E N T R Y
I A I W L V D E L S O E N T H B B N A Z O
M P I U O M L E V E B A I A D M D S Y T
N K Y R Y R G E L L N T M P C E R T A N
E H O L Y G C C I K T E M O C C P A D I B
R L S N O I T A R O C E D Y E Q N A E T
C O P O N R Z D A S H E R D R D R M D H L
H E G U E E R P T G N E U I R L N A O H
K K R C N K X A N I K V P P E F V A H T
B Y N E F C R I E F F I R U M I S G C H
J A P M M R H T V T F T M C T L Y R T E
D Y N P L O O K D S V C X S E G T E R H
B Z Y N A I N S A T N A E G A P R E S M
S E L A S H S I T L S F N D D C A T E S
C E L E B R A T E Y D A V C O Z P I L A
L R O L E C U A S S R T K L N L R N C
U B J J S S E D A R A P D M N R L G I
S G N I S S E R D F C H T A E R W S C E
H L I G H T S S E L D N A C R P G W I D
```

WORD SEARCH 39

```
T E M O C K S Y O T R S P R E N N O D C
F W S D E L S Y D C R S D A A I R Y A H
R E H T E R L L O N I E D W R L T P I M
O N C O S L A L N G A L E L O T H P E M
S S N K O I D T R O F C C U C R Y A W N
T D U H P W L N S N S I O S L B C H S E
Y R P D A S H E R G T C R H L B B A G Y
M A J O L L Y V C G N I A I K H L I R D
K C B W K X U D Z E E F T T M E F A O S
F S E A L D L A C M S Z I I S T D L L R
R T T R C P E G L E E N O R S E L E Z M
U H H M I H B C N N R X N I C S G S E Y
I G L N A H O E E I P E S P D N E R P A
T I E W L H C L L M S H M S A V R R I D
C L H S A U C E Y L B S N O L Y E T E I
A C E L E B R A T E S E E N C V E D L
K M M S G N I T E E R G R R N I R X I O
E A N N O U N C E M E N T A D F E T P H
W F E S T I V A L G O O D W I L L S U K
T F O S S E L D N A C E L C A R I M C X
```

WORD SEARCH 40

```
D L L I W D O O G L J J F R C T K F A I R
E H O L L Y C M T O N R O P Y R R E M E
Y G S I B D E L S E L R A P D U G I L
C P R Y S E L L R C D A W R G I I O C A
O P E O T T Y E N E D P E T T P T N I R
R A E T S H C A O E M S N Y R U C A G I
A H T L S L D G C N E O A M S C A L C L
T I N I C A E R E N N O D N E A Q K E I
I P N H L H A D T I I T V I T H E X S M
O I E E D S E L S L P G E S D B S S
N N S M S M L T O C E S I Y L S L T O D
S L E A N F K R H T N E F E E D I A L N A
L Y B T E M O C G N R T M G R T N L L X C
Y S F E Y L J F I E S A N B Z D S A C J
B B D I L E C R L V Q A T E E S A U C E V
H H L W R L T O H D W E N S T R A F F I C
E E O U O Y S S J A V X C E L E B R A T E
E E P L E R U T A N N O U N C E M E N T Z
R R L I Y L C Y R K F E S T I V A L M R L
F F P S E L D N A C R Y Y D A S H E R J B
```

WINTER

WORD SEARCH 41

Find the words in the grid. Words can go horizontally, vertically and diagonally in all eight directions.

```
G  C  O  N  G  E  A  L  N  E  C  S  N  A  E  L  C  D  N  Y
C  R  Y  S  T  A  L  S  O  C  Z  O  L  B  R  U  A  R  M  C
G  W  A  P  V  Y  Z  S  I  N  P  D  O  I  R  L  L  O  R  E
N  F  Q  F  L  R  D  N  S  A  Y  B  B  L  P  E  N  F  O  N
I  N  U  X  F  U  C  C  A  T  R  P  A  I  R  O  A  J  T  T
T  B  D  E  O  E  H  R  R  S  E  E  N  R  R  A  N  T  S  I
S  E  G  L  L  A  C  K  B  I  T  E  D  T  O  O  E  D  H  G
U  A  C  N  R  C  D  T  A  S  S  Y  S  L  I  M  A  L  G  R
D  U  E  M  I  E  H  F  N  S  U  A  B  T  O  Y  E  N  C  A
W  T  N  R  L  W  R  A  B  A  L  V  A  K  L  C  L  T  Q  D
O  Y  L  S  A  O  O  E  N  M  B  L  T  I  O  A  E  C  E  E
N  F  B  Q  Z  N  R  L  L  G  U  S  G  A  S  L  T  U  A  R
S  O  W  E  D  G  N  R  B  M  E  H  T  R  D  E  A  R  I  P
B  D  N  G  S  F  T  F  U  D  T  S  P  W  L  N  M  L  R  O
V  A  C  T  I  V  E  C  L  B  O  O  T  S  O  D  I  I  N  I
S  S  L  E  E  T  C  O  Y  R  U  J  N  I  C  A  L  N  O  N
L  W  R  N  C  A  C  T  J  R  D  L  O  C  R  R  C  G  S  T
I  I  C  I  T  C  R  A  N  T  D  R  A  Z  Z  I  L  B  A  T
D  N  D  R  E  A  R  Y  A  V  A  L  A  N  C  H  E  T  E  H
E  D  P  C  H  I  L  B  L  A  I  N  S  W  P  F  R  O  S  T
```

Abrasion	Avalanche	Calendar	Cold	Dire	Sleet
Accumulation	Barometer	Centigrade	Colder	Dreary	Slide
Active	Beauty	Changes	Coldest	Dusting	Slip
Affect	Bergs	Charm	Colds	Flu	Snow
Air	Blizzard	Chilblains	Congeal	Frost	Storm
Alpine	Blowing	Clean	Cool	Frozen	Wind
Arctic	Blustery	Clear	Crystals	Fuel	
Areas	Bobsled	Climate	Curling	Injury	
Assistance	Boots	Clouds	Daylight	point	
Astronomy	Breath	Coats	Dew	Season	

WORD SEARCH 42

Find the words in the grid. Words can go horizontally, vertically and diagonally in all eight directions.

```
F  B  S  F  T  C  C  N  M  D  K  H  T  S  E  D  L  O  C  B
N  B  L  P  O  Y  A  B  Y  R  A  C  L  E  A  R  T  J  M  X
D  U  R  L  E  E  G  R  A  L  A  C  T  I  V  E  F  U  E  L
I  C  D  E  L  L  A  N  P  R  S  H  S  S  C  I  T  C  R  A
R  O  U  C  A  E  L  I  I  L  O  D  C  N  O  L  N  E  X  D
E  A  N  R  R  T  N  A  E  W  L  M  O  L  B  R  C  F  E  N
Y  T  D  D  L  E  H  E  F  O  O  S  E  E  O  N  F  L  T  I
R  S  M  C  S  I  T  G  C  F  A  L  R  T  A  O  S  L  Y  W
E  A  V  A  L  A  N  C  H  E  E  G  B  B  E  B  C  M  N  E
T  Y  D  H  B  O  E  G  S  N  S  C  R  W  O  R  O  O  T  C
S  L  I  D  E  E  U  R  W  O  V  U  T  B  N  N  I  C  S  N
U  L  G  D  A  S  N  D  A  I  T  T  Q  D  O  T  E  A  N  A
L  K  I  B  U  N  U  T  S  S  R  K  K  R  A  N  F  L  I  T
B  Q  R  P  T  E  S  F  I  A  N  B  T  L  T  L  A  E  A  S
L  A  F  W  Y  T  U  D  V  R  Z  S  U  I  U  E  W  N  L  I
M  I  S  E  G  N  A  H  C  B  A  M  G  R  G  L  O  D  B  S
W  R  M  D  K  I  L  P  T  A  U  R  R  N  L  K  N  A  L  S
E  T  A  M  I  L  C  R  V  C  A  I  O  P  T  L  S  R  I  A
D  R  A  Z  Z  I  L  B  C  D  E  C  P  O  I  N  T  N  H  K
R  E  D  L  O  C  V  A  E  S  N  B  O  O  T  S  J  R  C  P
```

Abrasion	Avalanche	Calendar	Cold	Dreary	Slide
Accumulation	Barometer	Centigrade	Colder	Flu	Slip
Active	Beauty	Changes	Coldest	Flurries	Snow
Affect	Bergs	Charm	Colds	Frigid	Spell
Air	Blizzard	Chilblains	Congeal	Frost	Unusual
Alpine	Blowing	Clean	Cool	Fuel	Wind
Arctic	Blustery	Clear	Curling	Intense	
Areas	Bobsled	Climate	Dew	point	
Assistance	Boots	Clouds	Dire	Season	
Astronomy	Breath	Coats	Disturbance	Sleet	

WORD SEARCH 43

Find the words in the grid. Words can go horizontally, vertically and diagonally in all eight directions.

```
K  N  E  Z  O  R  F  B  O  O  T  S  L  O  O  C  Y  L  F  Y
D  P  A  B  A  F  C  T  C  O  L  D  S  W  O  M  E  B  K  R
R  B  O  E  R  F  M  R  A  H  C  L  E  L  O  U  E  D  S  E
E  E  Z  I  L  E  F  D  Z  B  D  D  N  F  R  L  D  D  T
A  A  K  M  N  C  A  E  N  L  A  E  O  G  G  P  I  E  U  S
R  U  L  F  Q  T  X  T  C  G  S  R  N  S  N  R  L  D  O  U
Y  T  A  C  T  I  V  E  H  T  T  K  O  O  E  I  P  I  L  L
K  Y  E  G  T  R  D  S  R  S  T  N  I  M  C  A  T  L  C  B
S  T  B  E  N  E  K  V  A  K  V  T  S  C  E  O  S  S  M  X
N  T  K  C  L  I  M  A  T  E  A  R  A  A  E  T  A  O  U  Y
I  Q  G  S  I  S  W  H  R  L  A  C  R  L  C  S  E  T  N  D
A  X  B  N  A  W  T  O  U  E  H  W  B  E  N  C  A  R  S  N
L  O  G  L  I  M  A  M  L  A  P  V  A  N  A  O  R  E  D  L
B  W  Q  N  R  L  U  C  N  B  C  B  D  D  T  N  E  Y  R  L
L  I  D  A  P  C  R  G  T  S  O  R  F  A  S  G  D  B  S  A
I  N  W  I  C  R  E  U  F  H  L  X  K  R  I  E  L  S  T  F
H  C  N  A  W  S  Z  P  C  D  D  T  D  L  S  A  O  L  O  W
C  E  Q  O  H  K  D  R  A  Z  Z  I  L  B  S  L  C  I  R  O
C  E  N  T  I  G  R  A  D  E  M  W  V  R  A  R  Y  P  M  N
K  S  H  A  V  A  L  A  N  C  H  E  N  C  I  T  C  R  A  S
```

Abrasion	Avalanche	Calendar	Cold	Dusting	Slip
Accumulation	Barometer	Centigrade	Colder	Flu	Snow
Active	Beauty	Changes	Coldest	Frost	Snowfall
Affect	Bergs	Charm	Colds	Frozen	Storm
Air	Blizzard	Chilblains	Congeal	Fuel	Warmth
Alpine	Blowing	Clean	Cool	point	Wince
Arctic	Blustery	Clear	Curling	Season	Wind
Areas	Bobsled	Climate	Dew	Skiing	
Assistance	Boots	Clouds	Dire	Sleet	
Astronomy	Breath	Coats	Dreary	Slide	

WORD SEARCH 44

Find the words in the grid. Words can go horizontally, vertically and diagonally in all eight directions.

```
C C A R S L E E T S N I A L B L I H C P
O C O F S E G N A H C K T A C T I V E X
L K R A F D R A Z Z I L B L E U F E N D
D T S Y T E G G S V B R E A T H X C J Z
G T K T S S C H D A L M L W Y N C N L Y
T N I L E T C T K R E R B M C O E A A R
D C I T C R A A K B Y R O V E I N T E E
U P N W E W I L L Z A N A C C S T S G T
S G G F O T R D S E O R S W N A I I N S
T K N Q R L A Q S R N T O O I R G S O U
I G Q U T O B M T N O D I M W B R S C L
N C L O U D S S I O O T A K E A A A T B
G F W B Z X A T B L A W Z R L T D N S C
A V A L A N C H E L C B B P M M E Q E U
D R E A R Y S F U C E O I D B R B R D R
V B F A S D R M O R B N I N E O A E L L
N N E L L O U L G S E G W A A T W H O I
M L U O Z C D S L M I G I E U S Q J C N
C S C E C E K E T R L D N L T C O O L G
H T N A R N D T F R B L D C Y T N I O P
```

Abrasion	Avalanche	Calendar	Cold	Dreary	Slip
Accumulation	Barometer	Centigrade	Colder	Dusting	Slush
Active	Beauty	Changes	Coldest	Flu	Snow
Affect	Bergs	Charm	Colds	Frigid	Storm
Air	Blizzard	Chilblains	Congeal	Frost	Wince
Alpine	Blowing	Clean	Cool	Frozen	Wind
Arctic	Blustery	Clear	Crystals	Fuel	
Areas	Bobsled	Climate	Curling	point	
Assistance	Boots	Clouds	Dew	Skiing	
Astronomy	Breath	Coats	Dire	Sleet	

WORD SEARCH 45

Find the words in the grid. Words can go horizontally, vertically and diagonally in all eight directions.

```
Y R C S K K N D R A Z Z I L B B O O T S
S R W L S H O W E R S M J G N I L R U C
N M O U I R I K D H C B R F R I G I D Z
I B N S L M S T T A E O S A C F D M Y N
A E S H M F A M N R F D O E H E W M A B
L A D L O C R T G O L F N L L C O E N E
B U N C G A B S E O S T E S P N L O D C
L T I R W B A T C K I A B C O C I N E N
I Y W C I T C R A G L O E R T T Y W W A
H C O N G E A L R P B L T S A C R M W T
C R T S O R F A I L N S E L Y L E T C S
Y R A E R D D N E B A G U P S O T S A I
T H L V R E E U P D A M N L S U S E L S
A C T I V E F B I O U R I I L D U D E S
I C L E A R D R R C I P O C W S L L N A
R E D I L S E L C E S N O M L O B O D W
L I N J U R Y A O Q A A T E E B L C A I
S N O I T I D N O C T T E M N T K B R N
V S E G N A H C F S Z T H R N L E R Q C
K C X L A V A L A N C H E T A Q B R H E
```

Abrasion	Avalanche	Calendar	Cold	Dreary	Slide
Accumulation	Barometer	Centigrade	Colder	Flu	Slip
Active	Beauty	Changes	Coldest	Frigid	Slush
Affect	Bergs	Charm	Colds	Frost	Snow
Air	Blizzard	Chilblains	Conditions	Fuel	Spell
Alpine	Blowing	Clean	Congeal	Injury	Warmth
Arctic	Blustery	Clear	Cool	point	Wince
Areas	Bobsled	Climate	Curling	Season	Wind
Assistance	Boots	Clouds	Dew	Showers	
Astronomy	Breath	Coats	Dire	Sleet	

WORD SEARCH 46

Find the words in the grid. Words can go horizontally, vertically and diagonally in all eight directions.

```
Y Q D R A Z Z I L B M B P G C O A T S C
R C I T C R A M G W D O A A B O O T S L
U T E B G X A N N V I G L R A N P G S I
J Y V N B Y I L C N G P N D O F R K L M
N R T K T T R H T N I N N I E M F R I A
I E K S S I A A D N R F T A W W E E P T
K T W U E N G E E L F A R S E O K T C E
C S D S G D L R A R L K D O D L L L E T
H U G E A S L E A U D U F L S N C B P R
I L S J B E G O M D O U B A C T I V E B
L B R O D N R U C L E E P F S K P W E J
B Z B I O T C A C L R C Q R D V T R Y C
L R S C J C R F L U N N R O L D G M G A
A N E J A S L U S H O A A Z O S O D N L
I A V A L A N C H E I T E E C N B R I E
N N O I T A R U D S S S L N O Z E O L N
S R E W O H S W R L A I C R C C A P R D
R N M R A H C J D I R S T C O D U L U A
T R R E D L O C R D B S K L M C T E C R
E R I D L C O O L E A A D H Y K Y T G M
```

Abrasion	Avalanche	Calendar	Cold	Droplet	point
Accumulation	Barometer	Centigrade	Colder	Duration	Showers
Active	Beauty	Changes	Coldest	Dusting	Slide
Affect	Bergs	Charm	Colds	Flu	Slip
Air	Blizzard	Chilblains	Congeal	Frigid	Slush
Alpine	Blowing	Clean	Cool	Frost	Wind
Arctic	Blustery	Clear	Curling	Frozen	
Areas	Bobsled	Climate	Dew	Fuel	
Assistance	Boots	Clouds	Dire	Injury	
Astronomy	Breath	Coats	Dreary	Inside	

WORD SEARCH 47

Find the words in the grid. Words can go horizontally, vertically and diagonally in all eight directions.

```
H E C P T G X R D S L Z C Y M D X S C C
F P R A S N N R L A C H M M E M K L U A
W U N I E D O I E D A O T W R N N E R L
K R E R D P D G W N N Q O N N A A E L E
X P M L L E N D G O D I O L T L H T I N
W E B E O O N E R I L I W S P D K C N D
Y C T R C A S T D S T B O I R P P J G A
R N T J E X S E U A T R N E B O O T S R
E A R L L A L T L R F E A B F R O Z E N
T T C L S S T U F B D R A Z Z I L B N S
S S W L B L M H C A Y A C T I V E J M N
U I B O I U U O J B H W B C O L D E R I
L S B A C M A S E J C L E A R P I L S A
B S S C R T A R H P A V A L A N C H E L
C A A D S O G T S A G N U C I T C R A B
L L M L L S M Z E A F L T I N J U R Y L
O W O N S O D E W F E F Y G D L O C N I
U Y N V R T C Z T L A R E V E S M M K H
D E D A R G I T N E C Y A C P O I N T C
S L S L A T S Y R C R S K A T I N G R C
```

Abrasion	Avalanche	Calendar	Cold	Dreary	Sleet
Accumulation	Barometer	Centigrade	Colder	Droplet	Slide
Active	Beauty	Changes	Coldest	Flu	Slip
Affect	Bergs	Charm	Colds	Frost	Slush
Air	Blizzard	Chilblains	Congeal	Frozen	Snow
Alpine	Blowing	Clean	Cool	Fuel	Wind
Arctic	Blustery	Clear	Crystals	Injury	
Areas	Bobsled	Climate	Curling	point	
Assistance	Boots	Clouds	Dew	Several	
Astronomy	Breath	Coats	Dire	Skating	

WORD SEARCH 48

Find the words in the grid. Words can go horizontally, vertically and diagonally in all eight
directions.

```
Y  L  A  E  G  N  O  C  Q  W  D  S  N  O  S  A  E  S  D  I
R  A  C  T  I  V  E  U  C  I  G  H  A  F  R  O  Z  E  N  N
E  S  P  E  L  L  L  R  R  L  Y  N  W  E  V  M  L  C  Y  J
T  G  Q  H  Y  F  W  E  W  B  O  N  I  C  R  S  S  N  C  U
S  S  C  L  I  M  A  T  E  O  A  U  O  W  B  A  L  A  A  R
U  C  L  E  A  R  R  R  L  E  N  L  D  O  O  S  I  T  L  Y
L  A  M  U  Y  T  G  K  L  C  D  S  B  S  L  L  P  S  E  S
B  T  F  R  S  S  A  C  D  R  A  Z  Z  I  L  B  B  I  N  N
S  S  B  F  A  H  I  J  K  H  D  Y  D  N  B  G  Y  S  D  I
D  O  F  A  E  H  R  N  Q  V  M  E  O  Z  E  N  J  S  A  A
L  R  D  U  R  C  C  X  S  O  B  I  W  C  A  I  N  A  R  L
O  F  N  M  E  O  T  T  N  I  T  R  E  C  U  L  O  S  K  B
C  X  F  G  Y  L  M  O  S  A  D  N  E  O  T  R  I  K  S  L
B  O  O  T  S  R  R  E  L  E  T  E  S  A  Y  U  S  A  Q  I
D  N  I  W  L  T  A  U  T  I  D  K  N  T  T  C  A  T  U  H
P  R  L  O  S  L  M  E  G  E  I  L  N  S  N  H  R  I  A  C
O  C  O  A  P  U  J  R  R  I  R  P  O  L  C  F  B  N  L  T
I  C  D  I  C  M  A  M  N  D  C  I  T  C  R  A  A  G  L  F
N  Z  N  C  B  D  I  G  I  R  F  A  V  A  L  A  N  C  H  E
T  E  A  R  E  D  L  O  C  R  R  S  E  G  N  A  H  C  M  T
```

Abrasion	Avalanche	Calendar	Cold	Flu	Skiing
Accumulation	Barometer	Centigrade	Colder	Frigid	Slide
Active	Beauty	Changes	Coldest	Frost	Slip
Affect	Bergs	Charm	Colds	Frozen	Slush
Air	Blizzard	Chilblains	Congeal	Fuel	Snow
Alpine	Blowing	Clean	Cool	Injury	Spell
Arctic	Blustery	Clear	Curling	Inside	Squall
Areas	Bobsled	Climate	Dew	point	Wind
Assistance	Boots	Clouds	Dire	Season	
Astronomy	Breath	Coats	Dreary	Skating	

WORD SEARCH 49

Find the words in the grid. Words can go horizontally, vertically and diagonally in all eight directions.

```
M  S  J  R  A  V  A  L  A  N  C  H  E  T  S  K  I  I  N  G
N  N  L  C  K  D  L  O  C  I  N  S  I  D  E  D  B  D  Y  H
B  I  T  E  L  P  O  R  D  G  N  I  L  R  U  C  E  M  N  B
T  A  G  S  E  I  R  R  U  L  F  O  Y  G  B  L  O  O  T  E
S  L  R  V  H  T  M  J  K  H  C  Q  J  R  S  N  I  Y  E  A
E  B  B  O  R  D  R  A  Z  Z  I  L  B  B  O  T  J  R  C  U
D  L  P  R  M  E  J  D  T  K  R  B  O  R  A  H  K  E  N  T
L  I  O  D  E  E  D  X  E  E  R  B  T  L  E  R  W  T  A  Y
O  H  I  N  N  A  T  L  Q  W  H  S  U  S  D  D  C  S  T  M
C  C  N  I  K  F  T  E  O  H  A  M  U  T  A  E  I  U  S  R
N  T  T  W  N  Q  B  H  R  C  U  D  H  L  N  E  J  L  I  C
O  C  M  C  I  T  C  R  A  C  I  G  P  T  F  P  R  B  S  L
I  A  C  T  I  V  E  C  C  R  I  I  I  Q  L  S  I  A  S  O
S  L  F  F  G  C  M  A  E  L  N  G  M  A  P  N  N  L  A  U
A  E  P  F  N  N  J  R  Y  E  R  Y  E  E  A  O  Y  B  S  D
R  N  L  I  E  G  I  A  A  A  M  G  L  E  K  W  E  R  C  S
B  D  W  Z  A  C  D  W  D  H  N  L  L  H  T  R  K  O  H  L
A  A  O  R  I  K  T  E  O  O  C  C  S  E  G  N  A  H  C  E
M  R  C  F  R  O  S  T  C  L  E  A  R  S  M  T  B  F  C  U
F  C  O  O  L  B  O  O  T  S  B  N  D  U  S  T  I  N  G  F
```

Abrasion	Avalanche	Calendar	Cold	Droplet	Sleet
Accumulation	Barometer	Centigrade	Colder	Dusting	Slide
Active	Beauty	Changes	Coldest	Flu	Slip
Affect	Bergs	Charm	Colds	Flurries	Snow
Air	Blizzard	Chilblains	Congeal	Frost	Spell
Alpine	Blowing	Clean	Cool	Frozen	Wince
Arctic	Blustery	Clear	Curling	Fuel	Wind
Areas	Bobsled	Climate	Daylight	Inside	
Assistance	Boots	Clouds	Dew	point	
Astronomy	Breath	Coats	Dire	Skiing	

WORD SEARCH 50

Find the words in the grid. Words can go horizontally, vertically and diagonally in all eight directions.

```
A V A L A N C H E Y Q P Y N P S L U S H
D R A Z Z I L B R Q O M O C G N I I K S
S E G N A H C U M I O I E B I N S I D E
D S N L L T J D N N T N N E B O O T S L
R N O A W N F T O A T G U A E R V S J C
E I I E I C U R L I N G L U N R R L L R
A A S G N B T U G H J T F T M E I I L Z
R L A N D S M R D L O C Z Y D R M D E N
Y B R O A U A D C K E L A L R A A E P Y
C L B C C D E P O C C B O F T D Z H S R
A I A C E L B P A O N C R E F M E F C E
L H A B S F O N T L A K X E B E A W N T
E C M B A S R U S D T L T E A L C A H S
N M O L Q R D O D E S M R G P T E T E U
D B P I L S O L S S I G S I N L H I L L
A C I T C R A M O T S W N A C I R V T B
R A C T I V E N E C S E O F E R W K R B
S L E E T A P D G T A Z U N U R C O O L
P K T H G I L Y A D E E R L S N A R L N
T E L P O R D K W K L R F C L E A R R B
```

Abrasion	Avalanche	Calendar	Cold	Dreary	Sleet
Accumulation	Barometer	Centigrade	Colder	Droplet	Slide
Active	Beauty	Changes	Coldest	Flu	Slip
Affect	Bergs	Charm	Colds	Flurries	Slush
Air	Blizzard	Chilblains	Congeal	Frost	Snow
Alpine	Blowing	Clean	Cool	Fuel	Spell
Arctic	Blustery	Clear	Curling	Injury	Wind
Areas	Bobsled	Climate	Daylight	Inside	
Assistance	Boots	Clouds	Dew	point	
Astronomy	Breath	Coats	Dire	Skiing	

SOLUTION

WORD SEARCH 41

```
G C O N G E A L N E C S N A E L C D N Y
C R Y S T A L S O C Z O L B R U A R M C
G W A P V Y Z S I N P D O I R L L O R E
N F Q F L R D N S A Y B B L P E N F O N
I N U X F U C C A T R P A I R O A J T I
T B D E O E H R R S E E N R R A N T S I
S E G L L A C K B I T E D T O O E D H G
U A C N R C D T A S S Y S L I M A L G R
D U E M I E H F N S U A B T O Y E N C A
W T N R L W R A B A L V A K L C L T Q D
O Y L S A O O E N M B L T I O A E C E E
N F B Q Z N R L L G U S G A S L T U A R
S O W E D G N R B M E H T R D E A R I P
B D N G S F T F U D T S P W L N M L R O
V A C T I V E C L B O O T S O D I I N I
S S L E E T C O Y R U J N I C A L N O N
L W R N C A C T J R D L O C R R C G S T
I I C I T C R A N T D R A Z Z I L B A T
D N D R E A R Y A V A L A N C H E T E H
E D P C H I L B L A I N S W P F R O S T
```

WORD SEARCH 42

```
F B S F T C C N M D K H T S E D L O C B
N B L P O Y A B Y R A C L E A R T J M X
D U R L E E G R A L A C T I V E F U E L
I C D E L L A N P R S H S S C I T C R A
R O U C A E L I L O D C N O L N E X D
E A N R R T N A E W L M O L B R C F E N
Y T D D L E H E F O O S E E O N F L T I
R S M C S I T G C F A L R T A O S L Y W
E A V A L A N C H E E G B B E B C M N E
T Y D H B O E G S N S C R W O R O Q T C
S L I D E E U R W O V U T B N N I C S N
U L G D A S N D A I T T Q D O T E A N A
L K I B U N U T S S R K K R A N F L I T
B Q R P T E S F I A N B T L T L A E A S
L A F W Y T U D V R Z S U I U E W N L I
```

WORD SEARCH 43

```
K N E Z O R F B O O T S L O O C Y L F Y
D P A B A F C T C O L D S W O M E B K R
R B O E R F M R A H C L E L O U E D S E
E E Z I L E F D Z B B O D N F R L D D T
A A K M N C A E N L A E O G G P I E U S
R U L F Q T X T C G R N S N R L D O U L
Y T A C T I V E H T T K O O E I P I L L
K Y E G T R D S R S T N I M C A T L C B
S T B E N E K V A K V T S C E O S S M X
N T K C L I M A T E A R A A E T A O U Y
I Q G S I S W H R L A C R L C S E T N D
A X B N A W T O U E H W B E N C A R S N
L O G L I M A M L A P V A N A O R E D L
B W Q N R L U C N B C B D D T N E Y R L
L I D A P C R G T S O R F A S G D B S A
I N W I C R E U F H L X K R I E L S T F
H C N A W S Z P C D D T D L S A O L O W
C E Q O H K D R A Z Z I L B S L C I R O
C E N T I G R A D E M W V R A R Y P M N
K S H A V A L A N C H E N C I T C R A S
```

WORD SEARCH 44

```
C C A R S L E E T S N I A L B L I H C P
O C O F S E G N A H C K T A C T I V E X
L K R A F D R A Z Z I L B B L E U F E N D
D T S Y T E G G S V B R E A T H X C J Z
G T K T S S C H D A L M L W Y N C N L Y
T N I L E T C T K R E R B M C O E A A R
D C I T C R A A K B Y R O V E I N T E E
U P N W E W I L L Z A N A C C S T S G T
S G G F O T R D S E O R S W N A I I N S
T K N Q R L A Q S R N T O O I R G S O U
I G Q U T O B M T N Q D I M W B R S C L
N C L O U D S S I O O T A K E A A T B
G F W B Z X A T B L A W Z R L T D N S C
A V A L A N C H E L C B B P M M E Q E U
D R E A R Y S F U C E O I D B R B R D R
V B F A S D R M O R B N I N E O A E L I
N N E L L O U L G S E G W A A T W H O N
M L U O Z C D S L M I G I E U S Q J C G
C S C E C E K E T R L D N L T C O O L
H T N A R N D T F R B L D C Y T N I O P
```

WORD SEARCH 45

```
Y R C S K K N D R A Z Z I L B B O O T S
S R W L S H O W E R S M J G N I L R U C
N M O U I R I K D H C B R F R I G I D Z
I B N S L M S T T A E O S A C F D M Y N
A E S H M F A M N R F D O E H E W M A B
L A D L O C R T G O L F N L L C O E N E
B U N C G A B S E O S T E S P N L O D C
L T I R W B A T C K I A B C O C I N E N
I Y W C I T C R A G L O E R T T Y W W A
H C O N G E A L R P B L T S A C R M W T
C R T S O R F A I L N S E L Y L E T C S
Y R A E R D D N E B A G U P S O T S A I
T H L V R E E U P D A M N L S U S E L S
A C T I V E F B I O U R I I L D U D E L
I C L E A R D R R C I P O C W S L L N A
R E D I L S E L C E S N O M L O B O D W
L I N J U R Y A O Q A A T E E B L C A I
S N O I T I D N O C T T E M N T K B R N
V S E G N A H C F S Z T H R N L E R Q C
K C X L A V A L A N C H E T A Q B R H E
```

WORD SEARCH 46

```
Y Q D R A Z Z I L B M B P G C O A T S C
R C I T C R A M G W D O A A B O O T S L
U T E B G X A N N V I G L R A N P G S I
J Y V N B Y I L C N G P N D O F R K L M
N R T K T T R H T N I N N I E M F R I A
I E K S S I A A D N R F T A W W E E P T
K T W U E N G E E L F A R S E O K T C E
C S D S G D L R A R L K D O D L L E T R
H U G E A S L E A U D U F L S N C B P R
I L S J B E G O M D O U B A C T I V E B
B B R O D N R U C L E E P F S K P W E J
L Z B I O T C A C L R C Q R D V T R Y C
A R S C J C R F L U N N R O L D G M G A
N E J A S L U S H O A A Z O S O D N L L
I A V A L A N C H E I T E E C N B R I E
N N O I T A R U D S S S L N O Z E O L N
S R E W O H S W R L A I C R C C A P R D
R N M R A H C J D I R S T C O D U L U A
T R R E D L O C R D B S K L M C T E C R
E R I D L C O O L E A A D H Y K Y T G M
```

WORD SEARCH 47

WORD SEARCH 48

WORD SEARCH 49

```
M S J R A V A L A N C H E T S K I I N G
N N L C K D L O C I N S I D E D B D Y H
B I T E L P O R D G N I L R U C E M N B
T A G S E I R R U L F O Y G B L O O T E
S L R V H T M J K H C Q J R S N I Y E A
E B B O R D R A Z Z I L B B O T J R C U
D L P R M E J D T K R B O R A H K E N T
L I O D E E D X E E R B T L E R W T A Y
O H I N N A T L Q W H S U S D D C S T M
C C N I K F T E Q H A M U T A E I U S R
N T T W N Q B H R C U D H L N E J L I C
O O C M C I T C R A C I G P T F P R B S
I A A C T I V E C C R I I I Q L S I A S
S L F F G C M A E L N G M A P N N L A U
A E P F N N J R Y E R Y E E A O Y B S D
R N L I E G I A A A M G L E K W E R C S
B D W Z A C D W D H N L L H T R K O H L
A A O R I K T E O O C C S E G N A H C E
M R C F R O S T C L E A R S M T B F C U
F C O O L B O O T S B N D U S T I N G F
```

WORD SEARCH 50

```
A V A L A N C H E Y Q P Y N P S L U S H
D R A Z Z I L B R Q O M O C G N I I K S
S E G N A H C U M I O I E B I N S I D E
D S N L L T J D N N T N N E B O O T S L
R N O A W N F T O A T G U A E R V S J C
E I I E I C U R L I N G L U N R R L L R
A A S G N B T U G H J T F T M E I L Z
R L A N D S M R D L O C Z Y D R M D E N
Y B R O A U A D C K E L A L R A A E P Y
C L B C C D E P O C C B O F T D Z H S R
A I A C E L B P A O N C R E F M E F C E
L H A B S F O N T L A K X E B E A W N T
E C M B A S R U S D T L T E A L C A H S
N M O L Q R D O D E S M R G P T E T E U
D B P I L S O L S S I G S I N L H I L L
A C I T C R A M O T S W N A C I R V T B
R A C T I V E N E C S E O F E R W K R B
S L E E T A P D G T A Z U N U R C O O L
P K T H G I L Y A D E E R L S N A R L N
T E L P O R D K W K L R F C L E A R R B
```

SUMMER

WORD SEARCH 51

Find the words in the grid. Words can go horizontally, vertically and diagonally in all eight directions.

```
X  E  C  L  E  D  G  L  Y  T  I  N  U  M  M  O  C  T  P  T
N  Y  B  L  O  R  G  A  L  F  C  O  O  R  D  I  N  A  T  E
O  X  R  O  A  M  U  K  M  O  J  C  S  L  A  O  G  C  E  T
I  C  F  A  L  S  A  D  L  E  V  A  E  S  F  N  H  E  A  T
T  P  O  X  N  G  S  O  N  N  S  N  H  L  I  U  Y  N  S  N
A  I  C  U  N  I  R  E  R  E  O  I  S  P  E  C  N  E  E  O
C  H  E  P  S  F  L  Y  S  R  P  M  M  H  H  B  I  D  T  I
I  S  L  B  U  I  S  U  F  E  O  A  M  A  T  K  R  R  C  T
N  N  E  L  U  A  N  O  C  P  C  N  N  O  O  O  O  A  K  A
U  O  B  N  E  L  C  S  M  M  R  T  I  O  C  T  L  G  T  R
M  I  R  A  W  U  L  O  S  A  N  D  C  M  U  S  I  C  R  E
M  N  A  E  S  T  N  I  N  C  H  G  N  I  M  R  A  H  C  P
O  A  T  C  H  E  C  K  E  R  E  D  T  A  B  L  E  C  L  O
C  P  I  O  Y  U  R  E  Z  N  F  R  E  N  G  U  L  F  I  O
T  M  O  M  L  O  T  F  I  F  T  T  R  O  F  M  O  C  M  C
H  O  N  T  M  S  L  Z  T  E  V  I  T  C  E  L  E  L  A  E
O  C  U  A  A  O  N  O  I  T  P  M  U  S  N  O  C  G  T  V
M  R  L  H  G  N  R  H  C  O  U  N  T  R  Y  S  I  D  E  O
E  C  O  M  M  E  R  C  I  A  L  C  A  S  U  A  L  P  R  K
E  N  E  R  G  Y  C  O  M  M  E  M  O  R  A  T  E  K  N  E
```

Camper	Classes	Companionship	Easy	Fun	Money
Camping	Climate	Consumption	Ebullient	Games	Music
Casual	cloths	Cookies	Elective	Garden	Ocean
Celebrate	Colorful	Cooperation	Endure	Globe	Roam
Celebration	Comfort	Coordinate	Energy	Goals	Sand
Chant	Commemorate	Countryside	Engulf	Golf	Sea
Charming	Commercial	Cousins	Evoke	Haste	Ship
Checkered table	Common	Culinary	Flag	Heat	trot
Citizens	Communication	Culture	Focus	Home	
Clamor	Community	Ease	Food	Minor	

WORD SEARCH 52

Find the words in the grid. Words can go horizoutally, vertically and diagonally in all eight directions.

```
R T R O T C L A M O R X T G S A E S E F
G N I M R A H C Y G R E N E H K K W T L
X D O O F C O M M U N I C A T I O N A Y
E D E F Q L C E L C E I L F O C U S R I
M N L L O K N O G F E B K Y L E E E O N
F A D R B I L N M E L L O I C L X I B G
G S F U U A I A R M A U E L H E H K A C
P U Y Q R P T U I Y U S G B G B I O L O
L E E R M E T D G C E N Y R R B O E M
E T V A A L C S E D R N I C E A I C R P
B A C A U N E L U R S E O T X T T R C A
U R M C L S I C A N E N M M Y I I E L N
L O C A S U A L E S S K N M D O O V I I
L M H A J T E Z U U S O C R O N N E M O
I E M E I O I S M C M E G E R C S N A N
E M T O A T R P H M P O S P H G C T T S
N M N O I T T A O I L K L M M C A S E H
T O N C M I N C H F H E R A L D Z M V I
W C N U O T M S N I S U O C E V O K E P
B D F N F E A S E Z T R O F M O C N C S
```

Camper	Classes	Companionship	Elaborate	Focus	Masses
Camping	Climate	Consumption	Endure	Food	Money
Casual	cloths	Cookies	Energy	Fun	Motel
Celebrate	Colorful	Cousins	Engulf	Games	Sand
Celebration	Comfort	Culinary	Equine	Globe	Sea
Chant	Commemorate	Culture	Events	Golf	Ship
Charming	Commercial	Ease	Evoke	Heat	trot
Checkered table	Common	Easy	Exhibitions	Herald	Values
Citizens	Communication	Ebullient	Flag	Hiking	
Clamor	Community	Education	Flying	Major	

WORD SEARCH 53

Find the words in the grid. Words can go horizontally, vertically and diagonally in all eight directions.

```
E T R O T K W L C A S U A L H A S T E F
X E L R E L B A T D E R E K C E H C Y X
C N R S H V C I E S A E S U C O F C R X
H I C R Y K E C K T A E H C R Z O G C N
A U O E Q E L R O N A E C O L M N U U E
N Q M T T E E V E B V M V F I L F V H
G E P N C A B M E V E A X O P I M I C Y
E H A U O R R M N E L T R M N N T A T L
S O N O O O A O N C J T A A G C N I T S
C P I C K B T C M O Z C R N E A N D Y E
O E O N I A I S C E I Y U L I U R G S A
L S N E E L O N E E M T E L M D O D A S
O S S D S E N E N N L M A M T L R C E O
R K H E U O B Z E G G E O C F U H O G N
F K I T M R Z I R U A C B C U A R R O N
U W P M O O E T G L M Y X R N D F E A C
L F O O D L H I Y F E Y H T A L E P L K
B C H T W X C C O U S I N S A T V M S R
A E S E C L A S S E S H W G G D E A B N
E B U L L I E N T G N I M R A H C C K Y
```

Camper	Classes	Cookies	Elective	Focus	Hopes
Camping	Climate	Coordinate	Encounters	Food	Motel
Casual	cloths	Cousins	Endure	Fun	Ocean
Celebrate	Colorful	Culinary	Energy	Games	Sea
Celebration	Comfort	Culture	Engulf	Garden	Season
Chant	Commemorate	Ease	Equine	Goals	trot
Charming	Commercial	Easy	Events	Golf	
Checkered table	Common	Ebullient	Evoke	Haste	
Citizens	Community	Education	Exchanges	Heat	
Clamor	Companionship	Elaborate	Flag	Home	

WORD SEARCH 54

Find the words in the grid. Words can go horizontally, vertically and diagonally in all eight directions.

```
M  E  T  A  R  O  M  E  M  M  O  C  H  C  G  R  G  G  L  C
K  G  N  I  M  R  A  H  C  Y  Z  P  H  A  Y  O  R  X  A  L
E  L  E  C  T  I  V  E  C  Z  A  A  R  G  S  J  O  Q  I  I
L  C  O  O  K  I  E  S  E  C  N  D  A  G  A  A  U  K  C  M
N  U  W  L  F  E  H  E  L  T  E  M  I  O  E  M  P  C  R  A
E  A  F  X  U  N  R  K  E  N  E  L  C  L  A  M  O  R  E  T
E  N  E  R  N  G  S  O  B  S  T  R  E  F  O  M  M  G  M  E
Z  L  E  C  O  U  H  V  R  E  L  N  T  B  F  H  N  A  M  D
N  Z  B  R  O  L  T  E  A  N  T  S  E  O  R  I  F  O  O  D
R  O  C  A  G  F  O  V  T  E  U  A  R  I  P  A  W  G  C  R
S  C  I  L  T  Y  L  C  I  C  C  T  N  M  L  E  T  O  M  L
R  O  S  T  A  D  C  Q  O  S  R  O  A  I  M  L  H  E  A  T
E  U  E  E  P  S  E  F  N  N  H  C  M  S  D  N  U  Q  N  R
T  S  G  Q  A  M  S  R  E  S  A  E  N  M  O  R  C  B  F  E
N  I  D  L  U  T  U  E  E  B  R  E  E  M  U  U  O  E  E  P
U  N  N  R  O  I  R  S  S  K  Z  O  M  V  L  N  R  O  L  M
O  S  A  K  R  B  N  O  N  I  C  O  V  T  E  U  I  F  C  A
C  A  S  U  A  L  E  E  T  O  C  E  U  A  D  N  L  T  D  C
N  G  N  I  Y  L  F  I  V  R  C  R  H  N  L  A  T  R  Y  L
E  S  L  A  O  G  C  N  Z  M  E  R  E  C  G  F  V  S  R  N
```

Camper	Classes	Cookies	Energy	Fun	Motel
Camping	Climate	Coordinate	Engulf	Games	Ocean
Casual	cloths	Cousins	Equine	Garden	Roam
Celebrate	Colorful	Culture	Events	Globe	Sand
Celebration	Comfort	Ease	Evoke	Goals	Scene
Chant	Commemorate	Easy	Flag	Golf	Sea
Charming	Commercial	Ebullient	Flavors	Group	trot
Checkered table	Common	Elective	Flying	Heat	
Citizens	Community	Encounters	Focus	Holiday	
Clamor	Consumption	Endure	Food	Major	

WORD SEARCH 55

Find the words in the grid. Words can go horizontally, vertically and diagonally in all eight directions.

```
E  P  V  N  O  I  T  A  R  E  P  O  O  C  G  C  S  E  A  R
M  I  K  G  N  I  M  R  A  H  C  F  D  N  F  O  M  N  M  E
O  H  R  E  J  T  R  O  F  M  O  C  I  W  C  M  C  G  C  T
H  S  E  B  Q  C  A  S  U  A  L  Y  C  H  G  M  E  U  O  T
X  N  P  O  D  U  T  C  S  D  L  O  A  A  E  N  L  M  I
E  O  M  L  L  N  I  N  S  F  M  N  M  K  V  R  D  F  M  L
L  I  A  G  E  L  I  N  C  M  T  E  T  F  O  C  U  N  U  G
B  N  C  V  O  S  E  O  E  S  S  T  L  J  K  I  R  O  N  H
A  A  E  R  U  Z  L  M  L  C  H  A  A  Y  E  A  E  I  I  E
T  P  F  O  I  O  O  S  E  L  G  T  S  E  M  L  P  T  C  D
D  M  C  T  R  R  L  F  B  I  F  A  O  U  H  M  G  P  A  I
E  O  I  F  A  A  M  Y  R  M  E  C  S  L  A  T  U  M  T  S
R  C  U  T  O  Y  J  T  A  A  S  I  E  C  C  R  I  U  I  Y
E  L  E  G  N  H  E  I  T  T  C  E  L  L  D  O  D  S  O  R
K  K  H  F  L  O  G  N  I  E  P  L  I  W  E  T  E  N  N  T
C  L  A  M  O  R  M  U  O  N  U  D  A  K  K  B  X  O  D  N
E  N  E  R  G  Y  Q  M  N  M  O  F  O  S  O  E  R  C  Q  U
H  N  E  D  R  A  G  M  O  R  R  B  U  O  S  O  A  A  L  O
C  U  L  T  U  R  E  O  D  C  G  Q  R  N  F  E  C  S  T  C
S  U  C  O  F  E  N  C  O  U  N  T  E  R  S  V  S  T  E  E
```

Camper	Classes	Companionship	Endure	Frolic	Heat
Camping	Climate	Consumption	Energy	Fun	Home
Casual	cloths	Cookies	Engulf	Games	Money
Celebrate	Colorful	Cooperation	Equine	Garden	Music
Celebration	Comfort	Countryside	Events	Glitter	Sea
Chant	Commemorate	Cousins	Evoke	Globe	trot
Charming	Commercial	Culture	Flag	Goals	
Checkered table	Common	Ease	Flying	Golf	
Citizens	Communication	Easy	Focus	Group	
Clamor	Community	Encounters	Food	Guide	

WORD SEARCH 56

Find the words in the grid. Words can go horizontally, vertically and diagonally in all eight directions.

```
N  O  I  T  A  C  U  D  E  F  G  G  S  U  N  I  T  E  R  S
T  G  C  N  C  O  W  E  Y  R  U  J  N  I  K  R  A  F  T  R
Y  A  O  O  E  O  S  T  T  R  X  N  E  I  S  S  B  L  N  E
R  M  O  I  L  P  C  A  S  U  A  L  Z  F  Y  H  B  O  E  T
A  E  R  T  E  E  E  R  N  W  H  Y  I  W  G  L  T  G  I  N
N  S  D  P  B  R  N  O  C  D  P  E  T  U  A  G  F  O  L  U
I  C  I  M  R  A  I  M  R  L  M  H  I  I  N  V  Q  M  L  O
L  O  N  U  A  T  U  E  P  O  A  D  C  I  N  E  E  R  U  C
U  M  A  S  T  I  Q  M  H  C  E  S  P  T  R  U  C  E  B  N
C  F  T  N  I  O  E  M  O  S  N  M  S  U  A  H  M  P  E  E
C  O  E  O  O  N  R  O  U  I  A  C  T  E  A  E  N  M  T  R
O  R  K  C  N  O  K  C  S  C  F  L  E  N  S  E  H  A  O  H
M  T  N  S  M  I  O  U  T  L  U  I  T  L  E  M  A  C  R  C
M  G  E  A  E  F  O  L  A  C  F  M  Z  E  E  R  A  S  T  T
O  A  L  S  E  C  Q  G  H  E  R  A  L  D  V  B  U  O  E  A
N  C  C  H  E  C  K  E  R  E  D  T  A  B  L  E  R  D  R  W
J  R  R  C  O  L  O  R  F  U  L  E  K  O  V  E  N  A  N  P
E  V  I  T  C  E  L  E  G  N  I  M  R  A  H  C  D  T  T  E
M  E  N  E  R  G  Y  L  A  I  C  R  E  M  M  O  C  G  S  E
L  V  N  O  I  T  A  C  I  N  U  M  M  O  C  F  O  O  D  L
```

Camper	Classes	Consumption	Education	Focus	Ocean
Camping	Climate	Cookies	Elective	Food	Roam
Casual	cloths	Cooperation	Encounters	Fun	Sand
Celebrate	Colorful	Coordinate	Endure	Games	Sea
Celebration	Comfort	Cousins	Energy	Golf	trot
Chant	Commemorate	Culinary	Equine	Guide	Unite
Charming	Commercial	Culture	Events	Heat	Watch
Checkered table	Common	Ease	Evoke	Herald	Wave
Citizens	Communication	Easy	Flag	Home	
Clamor	Community	Ebullient	Flying	Injury	

WORD SEARCH 57

Find the words in the grid. Words can go horizontally, vertically and diagonally in all eight directions.

```
K F C O M M U N I C A T I O N S U C O F
E D U C A T I O N Y T I N U M M O C S F
C U L I N A R Y M C L A M O R W Q N O Y
E F T R O F M O C S B E N I U Q E O R L
T L R L C A S U A L A T T C L Z D C E S
M C B C O M P A N I O N S H I P O T P H
Q E R A G N I M R A H C D T I L A T M T
M L Z O T E N E R G Y G I H O R O O A O
C E T F J D F E P E N C S R O R C R C L
O B T L M A E M B I R Y F B N O N T F C
O R L A C C M R P U S U A L U F N B O C
P A A G R L E M E A L L T S U O L O V L
E T I C P O A L E K E L I L M G R O C I
R I C R O C M S E P C N I M U D N H G M
A O R S E O E E S B S E O E I C A E A A
T N E T N S K V M E R C H N N N E O E T
I M M N D E H I O M S A A C T T R V S E
O N M E U M O J E K O T T G N E D R A G
N U O V R A M A E S E C B E H A S T E W
V F C E E G E C C O N S U M P T I O N C
```

Camper	Classes	Companionship	Ebullient	Focus	Roam
Camping	Climate	Consumption	Education	Food	Sand
Casual	cloths	Cookies	Elaborate	Frolic	Sea
Celebrate	Colorful	Cooperation	Endure	Fun	Ship
Celebration	Comfort	Coordinate	Energy	Games	trot
Chant	Commemorate	Cousins	Engulf	Garden	Wave
Charming	Commercial	Culinary	Equine	Golf	
Checkered table	Common	Culture	Events	Haste	
Citizens	Communication	Ease	Evoke	Home	
Clamor	Community	Easy	Flag	Major	

WORD SEARCH 58

Find the words in the grid. Words can go horizontally, vertically and diagonally in all eight directions.

```
P  G  A  M  E  S  C  G  N  I  M  R  A  H  C  C  E  Y  R  T
E  E  L  A  B  O  R  A  T  E  W  N  S  H  U  U  X  G  E  S
G  T  C  E  O  N  W  T  Y  L  O  G  H  T  L  L  C  R  P  U
O  M  A  K  L  H  Y  S  R  M  L  E  T  M  I  T  I  E  M  C
A  T  I  R  K  B  A  O  M  I  K  H  O  A  N  U  T  N  A  O
L  E  M  Y  O  E  A  O  T  O  C  D  L  S  A  R  I  E  C  F
S  F  L  A  G  M  C  T  V  E  E  L  C  S  R  E  N  K  G  L
C  A  S  U  A  L  E  E  D  E  L  C  A  E  Y  D  G  N  B  A
M  N  C  E  C  R  M  M  R  E  P  E  M  S  U  L  I  B  N  I
M  Y  S  E  C  O  E  F  M  I  R  L  C  R  S  P  K  F  N  C
S  T  T  H  L  Q  U  E  H  O  H  E  E  T  M  E  L  Q  O  R
Z  T  A  I  U  E  B  S  S  M  C  B  K  A  I  Y  S  L  I  E
B  N  N  I  N  O  B  N  I  B  R  R  C  C  I  V  O  C  T  M
T  R  N  E  L  U  E  R  N  N  A  N  N  E  R  E  L  A  M
H  E  V  G  V  Z  M  C  A  U  S  T  G  F  F  H  G  I  R  O
E  S  A  E  I  E  T  M  J  T  F  I  T  U  O  O  C  M  E  C
A  K  V  T  R  O  F  M  O  C  E  O  L  R  L  O  R  A  P  H
T  X  I  F  L  U  G  N  E  C  N  N  M  F  O  K  D  T  O  O
W  C  I  L  O  R  F  C  L  A  M  O  R  H  M  T  P  E  O  M
M  C  C  C  O  M  M  U  N  I  C  A  T  I  O  N  Q  R  C  E
```

Camper	Classes	Cookies	Energy	Freedom	Masses
Camping	Climate	Cooperation	Engulf	Frolic	Roam
Casual	cloths	Cousins	Equine	Fun	Sea
Celebrate	Colorful	Culinary	Events	Games	Ship
Celebration	Comfort	Culture	Evoke	Glitter	trot
Chant	Commemorate	Ease	Exciting	Globe	
Charming	Commercial	Easy	Flag	Goals	
Checkered table	Common	Elaborate	Flying	Golf	
Citizens	Communication	Elective	Focus	Heat	
Clamor	Community	Endure	Food	Home	

WORD SEARCH 59

Find the words in the grid. Words can go horizontally, vertically and diagonally in all eight directions.

```
T N E I L L U B E T R O F M O C Y C G M
E N I U Q E W G N I M R A H C T O N V C
E N D U R E S C L A M O R S I M I C O R
B L D N N Y H G A R D E N N M P E O E T
O H B G G N T F E A S E U E M R K M N O
L K U A H O O R A Y Z M M A U I P M E R
G L L G T O L I R I M O C T E C C U R T
F F A C D D C F T O R N L S K E O N G L
C K C I O N E I C A S U A L N L U I Y R
F E O Y C N C R T E C A L X U E N C N E
E R L Y R R S E E P V U N R F B T A O P
T C O E G A E U R K U O D D T R R T I M
A L R L B C N M M Q C O K E N A Y I T A
N I F A I R L I M P E E R E O T S O A C
I M U B K C A A L O T A H G M I I N R S
D A L O R C E T S U C I S C M O D N E E
R T M R H S R R E S C Z O Y O N E A P M
O E D A S U C O F H E A T N C M G E O A
O P N T S T N E V E H S N I S U O C O G
C T X E C O M P A N I O N S H I P O C L
```

Camper	Classes	Companionship	Easy	Flag	Heat
Camping	Climate	Consumption	Ebullient	Focus	Hooray
Casual	cloths	Cookies	Education	Food	Ocean
Celebrate	Colorful	Cooperation	Elaborate	Frolic	Sand
Celebration	Comfort	Coordinate	Endure	Fun	Sea
Chant	Commemorate	Countryside	Energy	Games	trot
Charming	Commercial	Cousins	Engulf	Garden	
Checkered table	Common	Culinary	Equine	Globe	
Citizens	Communication	Culture	Events	Golf	
Clamor	Community	Ease	Evoke	Group	

WORD SEARCH 60

Find the words in the grid. Words can go horizontally, vertically and diagonally in all eight directions.

```
S  T  N  E  V  E  K  T  R  O  F  M  O  C  R  O  A  M  N  R
Y  F  F  G  C  E  K  C  O  M  M  U  N  I  C  A  T  I  O  N
L  F  U  L  O  L  L  O  E  N  V  C  G  U  I  D  E  F  I  L
N  L  N  F  N  A  E  B  V  E  Q  G  E  D  O  O  F  L  T  H
F  O  C  U  S  I  R  P  A  E  T  C  O  L  P  M  C  U  A  C
R  G  C  C  U  C  U  S  W  T  H  A  W  A  E  O  T  G  C  L
E  S  O  E  M  R  T  K  E  A  D  G  R  N  L  B  P  N  U  I
P  H  M  L  P  E  L  W  N  A  N  E  O  O  T  S  R  E  D  M
M  T  M  E  T  M  U  T  E  I  C  M  R  R  M  O  D  A  E  A
A  O  U  B  I  M  C  L  P  O  M  F  O  E  J  E  G  N  T  T
C  L  N  R  O  O  E  M  U  O  U  T  Y  A  K  A  M  T  A  E
G  C  I  A  N  C  A  S  C  L  E  L  M  R  L  C  A  M  S  S
N  H  T  T  T  C  I  S  T  L  Y  T  E  F  A  E  E  A  O  Z
I  O  Y  I  M  N  N  V  R  K  A  C  A  N  H  N  E  H  R  C
Y  M  V  O  S  E  R  U  D  N  E  S  O  R  E  E  I  V  C  K
L  E  N  N  Z  V  C  A  S  U  A  L  S  O  O  R  A  L  L  F
F  E  Y  I  C  O  O  R  D  I  N  A  T  E  K  B  G  S  U  X
Y  K  T  K  L  M  G  N  I  M  R  A  H  C  S  I  A  Y  Y  C
L  I  J  B  E  N  I  U  Q  E  C  L  A  M  O  R  E  L  Y  M
C  K  Q  Z  P  I  H  S  N  O  I  N  A  P  M  O  C  S  E  P
```

Camper	Classes	Companionship	Elaborate	Focus	Roam
Camping	Climate	Consumption	Elective	Food	Sand
Casual	cloths	Cookies	Endure	Fun	Sea
Celebrate	Colorful	Coordinate	Energy	Goals	trot
Celebration	Comfort	Cousins	Engulf	Golf	Wave
Chant	Commemorate	Culinary	Equine	Guide	
Charming	Commercial	Culture	Events	Heat	
Checkered table	Common	Ease	Evoke	Home	
Citizens	Communication	Easy	Flag	Major	
Clamor	Community	Education	Flying	Money	

SOLUTION

WORD SEARCH 51

```
X E C L E D G L Y T I N U M M O C T P T
N Y B L O R G A L F C O O R D I N A T E
O X R O A M U K M O J C S L A O G C E T
I C F A L S A D L E V A E S F N H E A T
T P O X N G S O N N S N H L I U Y N S N
A I C U N I R E R E O I S P E C N E E O
C H E P S F L Y S R P M M H H B I D T I
I S L B U I S U F E O A M A T K R R C T
N N E L U A N O C P C N N O O O O A K A
U O B N E L C S M M R T I O C T L G T R
M I R A W U L O S A N D C M U S I C R E
M N A E S T N I N C H G N I M R A H C P
O A T C H E C K E R E D T A B L E C L O
C P I O Y U R E Z N F R E N G U L F I O
T M O M L O T F I F T T R O F M O C M C
H O N T M S L Z T E V I T C E L E L A E
O C U A A O N D I T P M U S N O C G T V
M R L H G N R H C O U N T R Y S I D E O
E C O M M E R C I A L C A S U A L P R K
E N E R G Y C O M M E M O R A T E K N E
```

WORD SEARCH 52

```
R T R O T C L A M O R X T G S A E S E F
G N I M R A H C Y G R E N E H K K W T L
X D O O F C O M M U N I C A T I O N A Y
E D E F Q L C E L C E I L F O C U S R I
M N L L O K N O G F E B K Y L E E E O N
F A D R B I L N M E L L O I C L X I B G
G S F U U A I A R M A U E L H E H K A C
P U Y Q R P T U I Y U S G B G B I O L O
L E E R M E T D G C E N Y N R R B O E M
E T V A A L C S E D R N I C E A I C R P
B A C A U N E L U R S E O T X T T R C A
U R M C L S I C A N E N M M Y I I E L N
L O C A S U A L E S S K N M D O O V I I
L M H A J T E Z U U S O C R O N N E M O
I E M E I O I S M C M E G E R C S N A N
E M T O A T R P H M P O S P H G C T T S
N M N O I T T A O I L K L M M C A S E H
T O N C M I N C H F H E R A L D Z M V I
W C N U O T M S N I S U O C E V O K E P
B D F N F E A S E Z T R O F M O C N C S
```

WORD SEARCH 53

```
E T R O T K W L C A S U A L H A S T E F
X E L R E L B A T D E R E K C E H C Y X
C N R S H V C I E S A E S U C O F C R X
H I C R Y K E C K T A E H C R Z O G C N
A U O E Q E L R O N A E C O L M N U U E
N Q M T T T E E V E B V M V F I L F V H
G E P N C A B M E V E A X O P I M I C Y
E H A U O R R M N E L T R M N N T A T L
S O N O O A O N C J T A A G C N I T S
C P I C K B T C M O Z C R N E A N D Y E
O E O N I A I S C E I Y U L I U R G S A
L S N E E L O N E E M T E L M D O D A S
O S D S E N E N N L M A M T L R C E O N
R K H E U O B Z E G G E O C F U H O G N
F K I T M R Z I R U A C B C U A R R O N
U W P M O O E T G L M Y X R N D F E A C
L F O O D L H I Y F E Y H T A L E P L K
B C H T W X C C O U S I N S A T V M S R
A E S E C L A S S E S H W G G D E A B N
E B U L L I E N T G N I M R A H C C K Y
```

WORD SEARCH 54

```
M E T A R O M E M M O C H C G R G G L C
K G N I M R A H C Y Z P H A Y O R X A L
E L E C T I V E C Z A A R G S J O Q I I
L C O O K I E S E C N D A G A A U K C M
N U W L F E H E L T E M I O E M P C R A
E A F X U N R K E N E L C L A M O R E T
E N E R N G S O B S T R E F O M M G M E
Z L E C O U V R E L N T B F H N A M D
N Z B R O L T E A N T S E O R I F O O D
R O C A G F O V T E U A R I P A W G C R
S C I L T Y L C I C C T N M L E T O M L
R O S T A D C Q O S R O A I M L H E A T
E U E E P S E F N N H C M S D N U Q N R
T S G Q A M S R E S A E N M O R C B F E
N I D L U T U E E B R E E M U U O E E P
U N N R O I R S S K Z O M V L N R O L M
O S A K R B N O N I C O V T E U I F C A
C A S U A L E E T O C E U A D N L T D C
N G N I Y L F I V R C R H N L A T R Y L
E S L A O G C N Z M E R E C G F V S R N
```

WORD SEARCH 55

```
E P V N O I T A R E P O O C G C S E A R
M I K G N I M R A H C F D N F O M N M E
O H R E J T R O F M O C I W C M C G C T
H S E B Q C A S U A L Y C H G M E U O T
X N P O D U T C S D L O A A E E N L M I
E O M L L N I N S F M N M K V R D F M L
L I A G E L I N C M T E T F O C U N U G
B N C V O S E O E S S T L J K I R O N H
A A E R U Z L M L C H A A Y E A E I O E
T P F O I O O S E L G T S E M L P T C D
D M C T R R L F B I F A O U H M G P A I
E O I F A A M Y R M E C S L A T U M S S
R C U T O Y J T A A S I E C C R I U I Y
E L E G N H E I T T C E L L D O D S N R
K K H F L O G N I E P L I W E T E N T
C L A M O R M U O N U D A K K B X O D N
E N E R G Y Q M N M O F O S O E R C Q U
H N E D R A G M O R R B U O S O A A L O
C U L T U R E O D C G Q R N F E C S T C
S U C O F E N C O U N T E R S V S T E E
```

WORD SEARCH 56

```
N O I T A C U D E F G G S U N I T E R S
T G C N C O W E Y R U J N I K R A F T R
Y A Q O E O S T T R X N E I S S B L N E
R M O I L P C A S U A L Z F Y H B O E T
A E R T E E E R N W H Y I W G L T G I N
N S D P B R N O C D P E T U A G F O L U
I C I M R A I M R L M H I I N V Q M L O
L O N U A T U E P O A D C I N E E R U C
U M A S T I Q M H C E S P T R U C E B E
C F T N I O E M O S N M S U A H M P E E
C O E O N R O U I A C T E A E N M T R
O R K C N O K C S C F L E N S E H A O H
M N S M I O U T L U I T L E M A C R C
M E A E F O L A C F M Z E E R A S T T
O A L S E C Q G H E R A L D V B U O E A
N C C H E C K E R E D T A B L E R D R W
J R R C O L O R F U L E K O V E N A N P
E V I T C E L E G N I M R A H C D T T E
M E N E R G Y L A I C R E M M O C G S E
L V N O I T A C I N U M M O C F O O D L
```

WORD SEARCH 57

```
K F C O M M U N I C A T I O N S U C O F
E D U C A T I O N Y T I N U M M O C S F
C U L I N A R Y M C L A M O R W Q N O Y
E F T R O F M O C S B E N I U Q E O R L
T L R L C A S U A L A T T C L Z D C E S
M C B C O M P A N I O N S H I P O T P H
Q E R A G N I M R A H C D T I L A T M T
M L Z O T E N E R G Y G I H O R O O A O
C E T F J D F E P E N C S R O R C R C L
O B T L M A E M B I R Y F B N O N T F C
R A L A C C M R P U S U A L U F N B O C
P T A G R L E M E A L L T S U O L O V L
E I C P O A L E K E L I L M G R O C I M
R I C R O C M S E P C N I M U D N H G A
A O R S E O E E S B S E O E I C A E A A
T N E T N S K V M E R C H N N N E O E T
I M M N D E H I O M S A A C T T R V S E
O N M E U M O J E K O T T G N E D R A G
N U O V R A M A E S E C B E H A S T E W
V F C E E G E C C O N S U M P T I O N C
```

WORD SEARCH 58

```
P G A M E S C G N I M R A H C C C E Y R T
E E L A B O R A T E W N S H U U X G E S S
G T C E O N W T Y L O G H T L L C R P U C
O M A K L H Y S R M L E T M I T I E M C O
A T I R K B A O M I K H O A N U T N A O F
L E M Y O E A O T O C D L S A R I E C F L
S F L A G M C T V E E L C S R E N K G L A
C A S U A L E E D E L C A E Y D G N B A I
M N C E C R M M R E P E M S U L I B N N I
M Y S E C O E F M I R L C R S P K F N C C
S T T H L Q U E H O H E E T M E L Q O R R
Z T A I U E B S S M C B K A I Y S L I E E
B N N I N O B N I B R R C C I V O C T M M
T R N E L U E R N N N A N N E R E L A M M
H E V G V Z M C A U S T G F F H G I R O O
E S A E I E T M J T F I T U O O C M E C O
A K V T R O F M O C E O L R L O R A P H O
T X I F L U G N E C N N M F O K D T O O
W C I L O R F C L A M O R H M T P E O M
M C C C O M M U N I C A T I O N Q R C E
```

WORD SEARCH 59

```
T N E I L L U B E T R O F M O C Y C G M
E N I U Q E W G N I M R A H C T O N V C
E N D U R E S C L A M O R S I M I C O R
B L D N N Y H G A R D E N N M P E O E T
O H B G N T F E A S E U E M R K M N O R
L K U A H O O R A Y Z M M A U I P M E T
G L L G T O L I R I M O C T E C C U R L
F F A C D D C F T O R N L S K E O N G T
C K C I O N E I C A S U A L N L U N I R
F E O Y C N C R T E C A L X U E N C N E
E R L Y R R S E E P V U N R F B T A O P
T C O E G A E U R K U O D D T R R I I M
A L R L B C N M M Q C O K E N A Y T N A
N I F A I R L I M P E E R E O T I S A C
I M U B K C A A L O T A H G M I D N R E
D A L O R C E T S U C I S C M O D E P M
R T M R H S R R E S C Z O Y O N E A O A
E E D A S U C O F H E A T N C M G E O G
O P N T S T N E V E H S N I S U O C O G
C T X E C O M P A N I O N S H I P O C L
```

WORD SEARCH 60

```
S T N E V E K T R O F M O C R O A M N R
Y F F G C E K C O M M U N I C A T I O N
L F U L O L L O E N V C G U I D E F I L
N L N F N A E B V E Q G E D O O F L T H
F O C U S I R P A E T C O L P M C U A C
R G C C U C U S W T H A W A E O T G C L
E S O E M R T K E A D G R N L B P N U I
P H M L P E L W N A N E O O T S R E D M
M T M E T M U T E I C M R R M O D A E A
A Q U B I M C L P O M F O E J E G N T T
C L N R O O E M U O U T Y A K A M T A E
G C I A N C A S C L E L M R L C A M S S
N H T T C I S T L Y T E F A E E A O Z Z
I O Y I M N N V R K A C A N H N E H R C
Y M V O S E R U D N E S O R E E I V C K
L E N N Z V C A S U A L S O O R A L L F
F E Y I C O O R D I N A T E K B G S U X
Y K T K L M G N I M R A H C S I A Y Y C
L I J B E N I U Q E C L A M O R E L Y M
C K Q Z P I H S N O I N A P M O C S E P
```

AUTUMN

WORD SEARCH 61

Find the words in the grid. Words can go horizontally, vertically and diagonally in all eight directions.

```
N  O  I  T  A  E  R  C  E  R  R  L  L  A  B  T  O  O  F  D
K  N  T  K  L  B  G  W  P  S  R  T  L  A  N  O  S  A  E  S
R  S  T  R  A  W  N  E  N  T  Y  A  M  F  H  M  B  P  L  R
V  M  U  T  H  F  I  A  S  U  L  V  K  R  H  L  C  E  L  L
T  G  V  M  Q  I  Z  T  E  D  I  W  N  I  A  R  R  T  A  T
Y  E  W  K  M  R  E  H  L  I  M  P  Y  Z  N  R  D  V  R  J
M  A  E  E  H  E  E  E  A  E  A  H  E  R  I  G  I  W  E  K
N  L  R  L  E  S  R  R  B  S  F  D  W  U  L  T  Z  T  H  S
N  Z  N  O  S  K  F  F  I  E  L  D  Q  S  S  L  R  K  T  P
R  B  P  S  F  B  E  A  U  T  Y  S  E  E  L  A  Y  O  A  D
A  I  A  C  G  L  S  N  B  W  N  A  F  A  L  S  R  X  E  S
I  R  N  H  P  N  B  E  D  E  S  V  B  L  D  M  B  R  W  J
N  T  S  O  N  T  I  V  P  O  T  E  Y  N  S  F  C  O  D  Z
C  H  T  O  S  O  V  N  N  T  S  W  E  L  L  M  R  A  W  S
O  D  H  L  W  C  I  F  R  A  E  I  E  U  P  C  Y  R  I  L
A  A  G  O  F  T  E  N  B  U  R  M  N  E  E  P  Q  V  N  A
T  Y  J  D  C  Q  L  N  U  F  B  K  B  R  N  N  U  J  T  U
S  S  X  W  P  K  Q  C  I  E  X  N  A  E  Q  W  G  S  E  T
F  R  O  S  T  H  E  W  J  C  R  C  T  G  R  D  G  V  R  I
Z  S  C  E  N  E  R  Y  B  M  S  Y  T  N  U  O  B  X  J  R
```

Bales	Festival	hockey	Scenic	Straw
Baseball	Field	Raincoats	School	Studies
Beauty	Fires	Raking	Season	Summer
Between	Flu	Rally	Seasonal	Supply
Birthdays	Football	Recreation	September	Warm
Blaze	Foray	Reunion	Sleet	Weather
Bounty	Freezing	Rituals	Snap	Weather
Burning	Friends	Scarecrows	Squirrels	Weekend
Family	Frost	Scenery	Storms	Winter

WORD SEARCH 62

Find the words in the grid. Words can go horizontally, vertically and diagonally in all eight directions.

```
H  Q  L  A  N  O  S  A  E  S  S  T  U  D  I  E  S  F  B  V
F  R  O  S  T  H  X  U  T  F  I  E  L  D  T  L  L  S  I  P
R  H  A  F  C  M  O  R  M  F  R  A  N  S  D  U  D  L  R  G
A  M  C  I  R  E  A  C  N  M  V  P  L  R  B  N  Z  B  T  K
K  S  G  R  N  W  N  Z  K  I  E  E  T  Q  E  Y  K  S  H  P
I  E  N  E  T  C  G  I  T  E  R  R  P  I  L  L  G  M  D  S
N  P  I  S  P  M  O  S  C  R  Y  B  R  P  L  N  Z  S  A  C
G  T  Z  P  A  R  E  A  I  T  L  F  F  A  I  X  E  T  Y  H
K  E  E  Y  N  F  D  U  T  A  J  U  B  D  Z  A  S  X  S  O
T  M  E  L  S  W  Q  J  Z  S  S  E  D  L  S  W  W  W  T  O
K  B  R  I  J  S  K  E  V  W  S  E  R  O  O  R  E  R  N  L
L  E  F  M  N  R  G  M  R  A  W  B  N  R  B  E  A  U  T  Y
W  R  K  A  S  O  E  N  B  W  B  X  C  Y  R  L  T  R  S  S
Y  G  W  F  E  T  I  H  I  K  O  E  P  X  L  V  H  E  L  T
L  A  H  L  L  V  Q  N  T  N  R  O  T  Y  H  K  E  T  A  O
Q  C  R  W  A  V  R  R  U  A  R  R  L  W  T  K  R  N  U  R
M  F  N  O  B  D  Q  D  C  E  E  U  M  E  E  E  M  I  T  M
B  D  R  K  F  R  Q  S  L  B  R  W  B  L  N  E  E  W  I  S
L  L  A  B  T  O  O  F  L  Y  T  N  U  O  B  S  N  L  R  G
N  N  O  I  T  A  E  R  C  E  R  S  C  E  N  E  R  Y  S  X
```

Bales	Field	Raking	Seasonal	Warm
Baseball	Fires	Rally	September	Weather
Beauty	Flu	Recreation	Sleet	Weather
Between	Football	Reunion	Snap	Weddings
Birthdays	Foray	Rituals	Squirrels	Winter
Blaze	Freezing	Scarecrows	Storms	Woolens
Bounty	Friends	Scenery	Straw	
Burning	Frost	Scenic	Studies	
Family	hockey	School	Summer	
Festival	Raincoats	Season	Supply	

WORD SEARCH 63

Find the words in the grid. Words can go horizontally, vertically and diagonally in all eight directions.

```
S  L  E  R  R  I  U  Q  S  T  L  L  A  B  T  O  O  F  G  X
R  S  F  M  S  S  L  M  Q  R  E  B  M  E  T  P  E  S  S  G
P  L  W  J  U  E  S  C  E  N  E  R  Y  B  S  V  L  W  P  N
U  A  I  N  M  A  E  L  P  W  W  F  L  D  S  L  O  Y  B  I
Y  U  N  F  M  S  L  L  B  H  L  A  N  E  L  R  F  R  I  Z
F  T  T  M  E  O  A  T  G  C  Z  E  A  A  C  P  A  A  R  E
L  I  E  K  R  N  B  N  M  E  I  S  B  E  A  L  P  K  T  E
R  R  R  F  I  E  L  D  D  R  O  E  R  N  L  J  R  I  H  R
S  T  U  D  I  E  S  Q  F  N  S  A  S  Y  N  C  L  N  D  F
Y  T  N  U  O  B  D  X  A  A  C  N  H  T  W  A  R  G  A  T
G  R  R  M  K  F  C  L  B  S  R  R  O  E  V  Y  D  F  Y  V
S  N  K  A  F  R  O  S  T  R  Y  K  A  I  S  F  A  Z  S  P
Y  N  I  H  W  B  E  A  U  T  Y  T  T  I  N  U  K  R  M  J
L  B  E  N  O  N  J  R  N  Z  H  S  F  L  N  U  P  W  O  J
I  O  E  L  R  C  Q  J  N  E  E  B  I  S  T  C  E  P  Z  F
M  T  O  T  O  U  K  G  R  F  K  N  R  R  C  W  O  R  L  J
A  E  L  H  W  O  B  E  D  N  E  K  E  E  W  E  A  A  T  Y
F  E  D  T  C  E  W  F  Y  L  R  D  S  D  K  W  N  R  T  Q
B  L  Z  K  J  S  E  N  O  I  T  A  E  R  C  E  R  I  M  S
R  S  W  E  D  D  I  N  G  S  T  S  T  O  R  M  S  M  C  K
```

Bales	Field	Raking	Seasonal	Warm
Baseball	Fires	Rally	September	Weather
Beauty	Flu	Recreation	Sleet	Weddings
Between	Football	Reunion	Snap	Weekend
Birthdays	Foray	Rituals	Squirrels	Winter
Blaze	Freezing	Scarecrows	Storms	Woolens
Bounty	Friends	Scenery	Straw	
Burning	Frost	Scenic	Studies	
Family	hockey	School	Summer	
Festival	Raincoats	Season	Supply	

WORD SEARCH 64

Find the words in the grid. Words can go horizontally, vertically and diagonally in all eight directions.

```
N  N  Y  H  D  S  T  O  R  M  S  P  F  X  F  R  O  S  T  N
Y  J  O  F  O  V  P  K  N  O  I  T  A  E  R  C  E  R  V  N
M  L  N  I  L  C  X  S  W  O  R  C  E  R  A  C  S  K  P  Y
S  J  P  W  N  R  K  B  T  L  L  A  B  T  O  O  F  W  H  L
L  L  F  P  R  U  N  E  E  R  T  D  C  M  Q  G  D  E  B  I
A  L  F  W  U  A  E  G  Y  T  A  E  C  L  W  N  N  A  I  M
U  K  I  L  F  S  I  R  N  R  W  W  E  J  M  I  E  T  R  A
T  Z  R  N  B  K  D  N  Q  I  S  E  L  L  S  Z  K  H  T  F
I  B  E  A  U  T  Y  M  C  D  N  A  E  L  S  E  E  E  H  Z
R  P  S  P  F  S  W  R  N  O  V  R  E  N  S  E  E  R  D  G
Y  T  N  U  O  B  C  E  Z  I  A  R  U  E  H  R  W  B  A  N
L  C  R  H  P  W  I  H  T  N  R  T  P  B  P  F  L  N  Y  S
A  R  E  S  Y  R  O  S  O  I  N  T  S  P  V  A  L  M  S  T
N  A  H  E  F  A  E  O  U  O  E  G  A  G  Z  L  Y  S  R  U
O  K  T  A  R  F  R  Q  L  M  L  N  W  E  A  R  U  A  Z  D
S  I  A  S  T  S  S  O  B  E  S  I  L  B  E  M  L  W  Z  I
A  N  E  O  V  E  G  E  F  R  N  C  E  N  M  L  Y  R  R  E
E  G  W  N  H  L  R  Q  M  T  Y  S  E  E  Y  X  Y  Z  K  S
S  K  V  M  R  A  W  B  E  B  A  C  R  R  S  C  E  N  I  C
K  T  C  Q  W  B  G  R  D  B  S  F  I  E  L  D  T  C  D  W
```

Bales	Field	Raking	Seasonal	Warm
Baseball	Fires	Rally	September	Weather
Beauty	Flu	Recreation	Sleet	Weather
Between	Football	Reunion	Snap	Weekend
Birthdays	Foray	Rituals	Squirrels	Winter
Blaze	Freezing	Scarecrows	Storms	Woolens
Bounty	Friends	Scenery	Straw	
Burning	Frost	Scenic	Studies	
Family	hockey	School	Summer	
Festival	Raincoats	Season	Supply	

WORD SEARCH 65

Find the words in the grid. Words can go horizontally, vertically and diagonally in all eight directions.

```
M  Z  W  N  X  R  S  B  B  X  L  P  Y  F  T  G  N  Y  B  Q
L  G  T  S  X  F  A  L  E  K  R  V  L  S  M  N  S  M  I  X
F  T  T  S  T  I  D  I  A  T  Y  U  G  E  R  G  W  Z  R  Q
S  J  E  N  C  R  W  H  N  U  W  L  K  L  E  N  O  S  T  S
U  K  T  E  R  E  A  O  O  C  T  E  H  A  B  I  R  T  H  L
P  G  V  A  L  S  N  W  O  C  O  I  E  B  M  Z  C  U  D  E
P  P  L  B  L  S  K  I  N  L  K  A  R  N  E  E  E  D  A  R
L  L  A  B  T  O  O  F  C  W  E  E  T  G  T  E  R  I  Y  R
Y  Y  R  P  D  S  T  O  R  M  S  N  Y  S  P  R  A  E  S  I
N  N  O  I  N  U  E  R  Y  B  W  L  S  A  E  F  C  S  N  U
G  D  Y  T  N  U  O  B  L  A  D  T  N  V  S  L  S  O  V  Q
D  N  E  K  E  E  W  A  R  Z  K  S  K  S  A  M  I  F  Q  S
F  I  E  L  D  R  Z  M  G  T  G  K  D  V  L  T  J  L  S  M
R  R  K  K  Q  E  C  N  X  R  M  N  I  M  A  X  L  M  C  Y
E  A  L  A  N  O  S  A  E  S  E  T  I  E  Y  A  Z  S  H  L
H  K  T  B  E  A  U  T  Y  I  S  H  R  N  B  A  E  J  O  I
T  I  R  E  M  M  U  S  R  E  L  C  T  E  R  A  R  M  O  M
A  N  N  Z  K  M  K  F  F  M  E  Z  S  A  S  U  L  O  L  A
E  G  M  Y  S  C  E  N  E  R  Y  A  Y  O  E  M  B  R  F  F
W  F  R  O  S  T  K  X  L  B  B  G  N  J  J  W  Y  X  K  L
```

Bales	Festival	hockey	Scenic	Straw
Baseball	Field	Raincoats	School	Studies
Beauty	Fires	Raking	Season	Summer
Between	Flu	Rally	Seasonal	Supply
Birthdays	Football	Recreation	September	Warm
Blaze	Foray	Reunion	Sleet	Weather
Bounty	Freezing	Rituals	Snap	Weather
Burning	Friends	Scarecrows	Squirrels	Weekend
Family	Frost	Scenery	Storms	Woolens

WORD SEARCH 66

Find the words in the grid. Words can go horizontally, vertically and diagonally in all eight
directions.

```
L Q R E B M E T P E S C L L A B T O O F
R T F L F N O I T A E R C E R J R S Y S
G B W L Z D T C W E A T H E R L A T L C
N I U S Q U I R R E L S F R S T K R I A
I R G D W N Y T N U O B Y Y E M I A M R
Z T W E E K E N D F I E L D L G N W A E
E H W C W G P H N G T G B Z A Z G Z F C
E D S X Y A B L O S N E N E B L L Q G R
R A R K N L L S E C L O E I T X K M T O
F Y T S A A T A R A K K I L N W W Z Y W
P S B Z B U S R V A C E X N S R E L R S
K T E E D O E I S T I G Y R U R U E E R
B N S I N H T D F Z Y N S L S E V B N E
R A E A T S N Y I N S A C E V T R K E T
B S L A E E F L R L L K R O A R O W C N
C V E F I N M P E R A W N O A S M R S I
Y W R R P Z T P S P U P G L F T O R M W
L P F L B E A U T Y T N L M X Z S N A S
F S C H O O L S M W I Y T K C G R N R W
C R E M M U S W K X R W M Q Q F R O S T
```

Bales	Festival	hockey	Scenic	Straw
Baseball	Field	Raincoats	School	Studies
Beauty	Fires	Raking	Season	Summer
Between	Flu	Rally	Seasonal	Supply
Birthdays	Football	Recreation	September	Warm
Blaze	Foray	Reunion	Sleet	Weather
Bounty	Freezing	Rituals	Snap	Weather
Burning	Friends	Scarecrows	Squirrels	Weekend
Family	Frost	Scenery	Storms	Winter

WORD SEARCH 67

Find the words in the grid. Words can go horizontally, vertically and diagonally in all eight directions.

```
S  S  C  H  O  O  L  L  N  O  I  T  A  E  R  C  E  R  Z  T
Q  Z  Q  Y  S  U  P  P  L  Y  S  T  C  S  S  U  M  M  E  R
U  S  L  L  A  B  T  O  O  F  E  D  Z  D  L  F  I  E  L  D
I  L  W  H  B  R  V  G  W  R  L  C  T  D  N  E  K  E  E  W
R  A  C  A  I  X  O  E  N  A  A  H  W  O  O  L  E  N  S  G
R  U  D  N  R  F  A  F  T  I  B  X  B  B  E  A  U  T  Y  K
E  T  N  G  T  T  C  M  G  N  N  Y  Q  E  S  M  R  O  T  S
L  I  B  Y  H  X  S  G  N  C  V  R  V  T  T  F  R  O  S  T
S  R  Q  E  D  W  Q  L  R  O  X  W  U  F  C  W  P  R  B  L
Q  H  R  J  A  N  H  D  L  A  I  Z  A  B  K  S  E  K  X  F
V  N  O  R  Y  T  K  A  K  T  M  N  F  R  D  B  S  E  L  I
G  X  M  C  S  L  V  J  L  S  B  B  U  N  M  Y  C  X  N  R
N  W  R  W  K  I  L  A  Y  Y  L  L  E  E  H  L  A  R  N  E
I  D  M  R  T  E  N  T  R  A  L  I  T  S  R  I  R  S  S  S
Z  X  V  S  A  O  Y  E  Z  A  R  P  N  R  Q  M  E  E  E  R
E  V  E  F  S  K  N  E  B  F  E  A  A  T  N  A  C  I  A  E
E  F  G  A  L  E  I  E  B  S  P  L  Y  Z  Z  F  R  D  S  T
R  M  E  V  C  F  S  N  N  X  L  D  T  M  L  R  O  U  O  N
F  S  T  S  L  A  X  K  G  Y  S  C  E  N  I  C  W  T  N  I
T  C  L  U  B  J  J  T  T  Y  T  N  U  O  B  Z  S  S  L  W
```

Bales	Festival	hockey	Scenic	Straw
Baseball	Field	Raincoats	School	Studies
Beauty	Fires	Raking	Season	Summer
Between	Flu	Rally	Seasonal	Supply
Birthdays	Football	Recreation	September	Warm
Blaze	Foray	Reunion	Sleet	Weather
Bounty	Freezing	Rituals	Snap	Weekend
Burning	Friends	Scarecrows	Squirrels	Winter
Family	Frost	Scenery	Storms	Woolens

WORD SEARCH 68

Find the words in the grid. Words can go horizontally, vertically and diagonally in all eight directions.

```
C  S  S  Y  S  D  G  K  K  B  G  F  T  N  F  I  E  L  D  Y
S  W  E  S  T  N  N  H  L  F  G  N  C  S  M  M  W  C  R  K
E  O  P  T  A  E  I  A  S  C  E  N  I  C  L  I  M  E  C  L
A  R  T  U  O  K  Z  M  T  E  E  L  S  N  N  A  N  W  R  V
S  C  E  D  C  E  E  W  F  R  O  S  T  T  R  E  U  P  C  W
O  E  M  I  N  E  E  R  X  Y  Z  X  E  W  C  U  R  T  E  M
N  R  B  E  I  W  R  A  R  L  D  R  T  S  A  B  B  A  I  L
A  A  E  S  A  X  F  L  L  A  B  T  O  O  F  R  T  R  L  R
L  C  R  R  R  N  F  L  H  Y  T  N  U  O  B  H  M  A  V  S
H  S  B  E  A  U  T  Y  L  B  W  S  J  M  E  N  B  R  D  R
Y  O  N  O  I  N  U  E  R  I  E  E  W  R  Q  E  R  N  E  G
L  Q  C  S  U  M  M  E  R  R  D  L  T  N  S  Q  E  C  L  S
I  S  R  K  W  A  R  T  S  T  D  A  R  A  M  I  R  A  L  H
M  B  E  A  E  M  X  V  T  H  I  B  B  Y  R  E  V  E  S  F
A  T  E  A  K  Y  M  G  H  D  N  B  D  F  A  I  R  U  J  S
F  P  K  T  S  I  R  B  F  A  G  R  T  T  T  R  P  F  C  V
P  P  A  X  W  O  N  Q  I  Y  S  K  I  S  I  P  O  H  Z  R
N  B  X  N  K  E  N  G  R  S  G  O  E  U  L  F  O  F  C  N
N  B  L  K  S  T  E  X  E  R  N  F  Q  Y  L  O  T  Y  G  L
T  S  T  O  R  M  S  N  S  D  L  S  L  U  L  N  C  K  L  N
```

Bales	Festival	hockey	Scenic	Straw
Baseball	Field	Raincoats	School	Studies
Beauty	Fires	Raking	Season	Summer
Between	Flu	Rally	Seasonal	Supply
Birthdays	Football	Recreation	September	Warm
Blaze	Foray	Reunion	Sleet	Weather
Bounty	Freezing	Rituals	Snap	Weddings
Burning	Friends	Scarecrows	Squirrels	Weekend
Family	Frost	Scenery	Storms	Winter

WORD SEARCH 69

Find the words in the grid. Words can go horizontally, vertically and diagonally in all eight directions.

```
D Y W B R E H T A E W Y S W W L P L T Z
N L Y S E I D U T S R E A J B E A U T Y
D I L P K T D H E S A A W R R W M W S B
R M P P A F W P O S L S K B O F N I W N
A A P W T N T E O C D A M I T F F N O R
L F U W M E S N E N K T U R N L G T R E
L D S B M Y A L E N D E G T U G N E C U
Y F X B M L L I J Z J L Y H I Q I R E N
N I E N H A R D F R O S T D N R Z L R I
D R K C B F N C L R M R L A H Q E O A O
M E C E R E M M U S E G L Y Y H E O C N
R S S T E E L S M C P A N S L J R H S Q
N A M S S R V R R B V Y N I T R F C K Y
B W Z E G E O E L I R E R G N P X S P R
H W V L D T A A T E L S L E R R I U Q S
W J T A S T Z S N O M M M Y T N U O B B
K A Z B I E E E O S C E N I C R Z B N V
X C R O H F C W B N D K R Q F I E L D G
G M N M T S Q J X Y K L L A B T O O F T
Z T Y V S T A O C N I A R L V S T R A W
```

Bales	Festival	hockey	Scenic	Straw
Baseball	Field	Raincoats	School	Studies
Beauty	Fires	Raking	Season	Summer
Between	Flu	Rally	Seasonal	Supply
Birthdays	Football	Recreation	September	Warm
Blaze	Foray	Reunion	Sleet	Weather
Bounty	Freezing	Rituals	Snap	Winter
Burning	Friends	Scarecrows	Squirrels	Woolens
Family	Frost	Scenery	Storms	

WORD SEARCH 70

Find the words in the grid. Words can go horizontally, vertically and diagonally in all eight directions.

```
N O I N U E R D B Z L S L F H K L B Q S
R E B M E T P E S L D L C L Y H T I W C
L L A B T O O F A N J I A Y V L S R C A
R S W D V K R B E N N V B L N U T T S R
E E N N Y V E I F E I L T I M K X H T E
T L H H F S R R C T A X Q M K L Q D U C
N A P T A F A S S Z L N E A R R L A D R
I B A B A L S E E L F R G F R W K Y I O
W F N Q L E F L Q R A B E A U T Y S E W
G B S Y A K W L W G A U S T O R M S S S
N L Y S Y T N U O B K I T T J R X K L R
I B O Z Z W H T R W F K N I R F I E L D
Z N E R E C R E A T I O N C R A R L J L
E M P T X G H C J M R X K F O R W R Y Y
E R R Y W T N O B M E S R P I A F Y R L
R A M A A E E I C K S Z C U R L T M E P
F K W E W R E E N K W N Q H U M R S N P
D I W M T R O N L R E S F R O S T Z E U
D N E K E E W F R S U Y R N W O Y P C S
N G R L A N O S A E S B K J T T L M S W
```

Bales	Festival	hockey	Scenic	Straw
Baseball	Field	Raincoats	School	Studies
Beauty	Fires	Raking	Season	Summer
Between	Flu	Rally	Seasonal	Supply
Birthdays	Football	Recreation	September	Warm
Blaze	Foray	Reunion	Sleet	Weather
Bounty	Freezing	Rituals	Snap	Weather
Burning	Friends	Scarecrows	Squirrels	Weekend
Family	Frost	Scenery	Storms	Winter

SOLUTION

WORD SEARCH 61

WORD SEARCH 62

WORD SEARCH 63

```
S L E R R I U Q S T L L A B T O O F G X
R S F M S S L M Q R E B M E T P E S S G
P L W J U E S C E N E R Y B S V L W P N
U A I N M A E L P W W F L D S L O Y B I
Y U N F M S L B H L A N E L R F R I Z E
F T T M E O A T G C Z E A A C P A K R E
L I E K R N B N M E I S B E A L P H D R
R R R F I E L D D D R O E R N L J R I F
S T U D I E S Q F N S A S Y N C L N D F
Y T N U O B D X A A C N H T W A R G A T
G R R M K F C L B S R R O E V Y D F V P
S N K A F R O S T R Y K A I S F A Z S P
Y N I H W B E A U T Y T T I N U K R M J
L B E N O N J R N Z H S F L N U P W O J
I O E L R C Q J N E E B I S T C E P Z F
M T O T O U K G R F K N R R C W O R L J
A E L H W O B E D N E K E E W E A A T Y
F E D T C E W F Y L R D S D K W N R T Q
B L Z K J S E N O I T A E R C E R I M S
R S W E D D I N G S T S T O R M S M C K
```

WORD SEARCH 64

```
N N Y H D S T O R M S P F X F R O S T N
Y J O F O V P K N O I T A E R C E R V N
M L N I L C X S W O R C E R A C S K P Y
S J P W N R K B T L L A B T O O F W H L
L L F P R U N E E R T D C M Q G D E B I
A L F W U A E G Y T A E C L W N A A B M
U K I L F S I R N R W W E J M I E T R A
T Z R N B K D N Q I S E L L S Z K H R F
I B E A U T Y M C D N A E L S E E H R Z
R P S P F S W R N O V R E N S E E R D G
Y T N U O B C E Z I A R U E H R W B N N
L C R H P W I H T N R T F B P F L N S T
A R E S Y R O S O I N T S P V A L M U U
N A H E F A E O U O E G A G Z L Y S R D
O K T A R F R Q L M L N W E A R U A Z I
S I A S T S S O B E S I L B E M L W Z E
A N E O V E G E F R N C E N M L Y R R S
E G W N H L R Q M T Y S E E Y X Y Z K S
S K V M R A W B E B A C R R S C E N I C
K T C Q W B G R D B S F I E L D T C D W
```

WORD SEARCH 65

```
M Z W N X R S B B X L P Y F T G N Y B Q
L G T S X F A L E K R V L S M N S M I X
F T T S T I D I A T Y U G E R G W Z R Q
S J E N C R W H N U W L K L E N O S T S
U K T E R E A O O C T E H A B I R T H S
P G V A L S N W O C O I E B M Z C U D L
P P L B L S K I N L K A R N E E E D A R
L L A B T O O F C W E E T G T E R I Y R
Y Y R P D S T O R M S N Y S F R A E S R
N N O I N U E R Y B W L S A E F C S N U
G D Y T N U O B L A D T N V S L S O V Q
D N E K E E W A R Z K S K S A M I F Q S
F I E L D R Z M G T G K D V L T J L S M
R R K K Q E C N X R M N I M A X L M C Y
E A L A N O S A E S E T I E Y A Z S H L
H K T B E A U T Y I S H R N B A E J O L
T I R E M M U S R E L C T E R A R M O M
A N N Z K M K F F M E Z S A S U L O L A
E G M Y S C E N E R Y A Y O E M B R F F
W F R O S T K X L B B G N J J W Y X K L
```

WORD SEARCH 66

```
L Q R E B M E T P E S C L L A B T O O F
R T F L F N O I T A E R C E R J R S Y S
G B W L Z D T C W E A T H E R L A T L C
N I U S Q U I R R E L S F R S T K R I A
I R G D W N Y T N U O B Y Y E M I A M A
Z T W E E K E N D F I E L D L G N M A E
E H W C W G P H N G T G B Z A Z G Z F C
E D S X Y A B L O S N E N E N L Q Q G R
R A R K N L L S E C L O E I T X L M T O
F Y T S A A T A R A K K I L N W K Z Y W
P S B Z B U S R V A C E X N S R W L R S
K T E E D O E I S T I G Y R S E R E E R
B N S I N H T D F Z Y N S L S V E B N E
R A E A T S N Y I N S A C E T R V S E T
B S L A E E F L R L L K R O A O R A C N
C V E F I N M P E R A W N O A S N O S I
Y W R R P Z T P S P U P G L F T O R M W
L P F L B E A U T Y T N L M X Z S N A S
F S C H O O L S M W I Y T K C G R N R W
C R E M M U S W K X R W M Q Q F R O S T
```

WORD SEARCH 67

WORD SEARCH 68

WORD SEARCH 69

```
D Y W B R E H T A E W Y S W W L P L T Z
N L Y S E I D U T S R E A J B E A U T Y
D I L P K T D H E S A A W R R W M W S B
R M P P A F W F O S L S K B O F N I W N
A A P W T N T E O C D A M I T F F N O R
L F U W M E S N E N K T U R N L G N R E
L D S B M Y A L E N D E G T U G N E C U
Y F X B M L L I J Z J L Y H I Q I R E N
N I E N H A R D F R O S T D N R Z L R I
D R K C B F N C L R M R L A H Q E O A O
M E C E R E M M U S E G L Y Y H E O C N
R S S T E E L S M C P A N S L J R H S Q
N A M S S R V R R B V Y N I T R F C K Y
B W Z E G E O E L I R E R G N P X S P R
H W V L D T A A T E L S L E R R I U Q S
W J T A S T Z S N O M M M Y T N U O B B
K A Z B I E E E O S C E N I C R Z B N V
X C R O H F C W B N D K R Q F I E L D G
G M N M T S Q J X Y K L L A B T O O F T
Z T Y V S T A O C N I A R L V S T R A W
```

WORD SEARCH 70

```
N O I N U E R D B Z L S L F H K L B Q S
R E B M E T P E S L D L C L Y H T I W C
L L A B T O O F A N J I A Y V L S R C A
R S W D V K R B E N N V B L N U T T S R
E E N N Y V E I F E I L T I M K X H U E
T L H H F S R R C T A X Q M L Q D T C R
N A P T A F A S S Z L N E A R R L A D R
I B A B A L S E E L F R G F R W K Y I O
W F N Q L E F L Q R A B E A U T Y S E W
G B S Y A K W L W G A U S T O R M S S S
N L Y S Y T N U O B K I T T J R X K L R
I B O Z Z W H T R W F K N I R F I E L D
Z N E R E C R E A T I O N C R A R L J L
E M P T X G H C J M R X K F O R W R Y Y
E R R Y W T N O B M E S R P I A F Y R L
R A M A A E E I C K S Z C U R L T M E P
F K W E W R E E N K W N Q H U M R S N P
D I W M T R O N L R E S F R O S T Z E U
D N E K E E W F R S U Y R N W O Y P C S
N G R L A N O S A E S B K J T T L M S W
```

FAMILY

WORD SEARCH 71

Find the words in the grid. Words can go horizontally, vertically and diagonally in all eight directions.

```
T  T  N  B  M  A  C  T  I  V  I  T  Y  A  R  D  E  N  T  T
K  N  O  A  G  N  I  H  C  A  O  C  V  A  D  C  A  Y  Y  N
T  Q  I  N  S  O  N  A  A  A  N  N  T  C  D  O  D  T  T  E
A  A  T  T  M  B  T  D  D  E  S  T  I  O  J  N  O  I  I  M
C  N  A  A  T  N  U  A  C  O  E  S  W  W  N  G  P  R  N  T
T  C  I  G  J  L  Z  E  S  N  L  R  O  O  T  E  T  O  U  I
N  E  C  O  T  F  D  D  T  P  Y  E  I  C  D  N  I  H  M  M
O  S  E  N  M  Y  A  I  Y  L  O  T  S  E  I  I  O  T  M  M
I  T  R  I  T  L  V  T  A  N  A  U  L  C  S  A  N  U  O  O
T  O  P  S  X  E  I  V  H  D  A  P  S  W  E  L  T  A  C  C
C  R  P  M  B  N  O  A  O  E  U  M  E  E  Z  N  N  I  S  C
E  L  A  H  I  R  R  M  L  O  R  E  I  C  E  G  C  I  O  J
F  J  Q  F  P  F  M  E  C  L  T  J  T  C  E  S  S  E  D  N
F  R  F  P  C  O  O  Y  C  P  E  L  I  R  S  T  I  M  F  M
A  A  A  P  C  R  H  L  T  N  Q  G  L  C  E  C  I  V  D  A
D  E  S  C  E  N  T  D  K  E  O  E  I  R  O  D  T  D  D  F
J  L  A  G  U  J  N  O  C  S  I  C  B  A  I  H  E  I  Z  A
E  L  B  A  T  R  O  F  M  O  C  X  A  I  N  A  O  A  E  V
X  N  I  S  U  O  C  A  L  I  M  O  N  Y  R  C  F  R  T  S
W  J  Y  R  A  S  R  E  V  I  N  N  A  A  Y  T  E  M  T  H
```

Abilities	Alimony	Association	Congenial	Father
Accommodation	Allegiance	Attentive	Conjugal	Folks
Activity	Ancestor	Aunt	Couple	Sister
Adolescence	Anger	Authority	Cousin	Son
Adoption	Anniversary	Coaching	Death	Spouse
Adult	Antagonism	Cohort	Decency	Sweet
Advice	Anxiety	Comfortable	Descent	Tact
Advise	Appreciation	Commitment	Dowry	Ties
Affection	Approval	Community	Dynamics	Tribe
Affinity	Ardent	Concern	Fair	Twin

WORD SEARCH 72

Find the words in the grid. Words can go horizontally, vertically and diagonally in all eight directions.

```
Y  C  N  A  T  S  N  O  C  A  L  I  M  O  N  Y  F  A  I  R
R  A  K  O  Y  T  E  F  A  S  E  C  I  V  D  A  N  T  C  A
E  T  D  F  I  L  M  A  R  D  E  N  T  L  T  G  G  C  O  U
T  B  M  O  P  T  P  E  S  L  C  H  A  H  E  T  N  O  M  N
S  J  M  U  L  D  A  K  S  O  L  V  E  R  V  M  I  M  M  T
I  N  O  S  O  E  L  I  H  I  O  R  D  M  I  S  H  F  O  T
S  C  O  W  I  O  S  O  C  R  V  L  T  N  T  E  C  O  N  D
A  W  R  I  F  N  R  C  P  O  A  D  O  R  I  I  A  R  A  N
N  Y  N  C  T  T  O  P  E  D  S  I  A  E  T  T  O  T  L  E
C  T  O  A  U  A  A  G  U  N  T  S  T  C  E  I  C  A  I  F
E  E  I  C  T  S  I  L  A  A  C  Z  A  N  P  L  C  B  T  E
S  I  T  E  O  T  T  C  D  T  L  E  B  O  M  I  O  L  Y  D
T  X  C  F  S  M  E  O  E  C  N  L  G  C  O  B  N  E  Y  A
O  N  E  L  A  R  M  N  D  R  O  A  E  X  C  A  F  T  H  D
R  A  F  X  C  M  E  U  T  Y  P  U  K  G  G  N  I  W  T  O
N  M  F  M  O  Z  I  V  N  I  T  P  S  R  I  N  D  E  A  P
T  J  A  C  S  O  N  L  I  I  V  C  A  I  I  A  E  K  E  T
T  A  C  T  I  V  I  T  Y  D  T  E  A  F  N  W  N  J  D  I
J  A  Y  T  I  R  O  H  T  U  A  Y  F  T  S  V  C  C  H  O
Y  R  A  S  R  E  V  I  N  N  A  A  T  I  E  S  E  L  E  N
```

Abilities	Affinity	Approval	Commonality	Death	Sister
Accommodation	Alimony	Ardent	Community	Defend	Son
Activity	Allegiance	Association	Competitive	Diverse	Sweet
Adolescence	Ancestor	Attentive	Concern	Dowry	Tact
Adoption	Anger	Aunt	Confidence	Fair	Ties
Adult	Anniversary	Authority	Constancy	Family	Twin
Advice	Antagonism	Coaching	Couple	Father	
Advise	Anxiety	Cohort	Cousin	Folks	
Affection	Appreciation	Comfortable	Custody	Safety	

WORD SEARCH 73

Find the words in the grid. Words can go horizontally, vertically and diagonally in all eight directions.

```
A  D  E  C  E  N  C  Y  T  N  E  M  T  I  M  M  O  C  V  A
L  D  A  L  I  M  O  N  Y  C  O  N  C  E  R  N  W  C  D  R
T  L  O  A  K  N  O  I  T  A  I  C  O  S  S  A  O  U  L  Y
N  A  N  L  U  B  Y  N  D  I  V  E  R  S  E  A  L  A  T  D
O  G  O  C  E  N  Y  T  I  N  U  M  M  O  C  T  V  I  T  E
I  U  I  S  O  S  T  N  E  C  S  E  D  H  N  O  N  N  L  E
T  J  T  E  T  N  C  G  N  I  L  B  I  S  R  I  O  P  F  V
A  N  C  I  L  R  G  E  E  Z  X  N  W  P  F  I  U  A  A  I
I  O  E  T  E  G  O  E  N  S  G  N  P  F  T  O  I  G  N  T
C  C  F  I  A  S  N  H  N  C  I  A  A  A  C  R  H  F  T  N
E  A  F  L  A  L  M  I  O  I  E  V  D  E  C  I  V  D  A  E
R  D  A  I  N  D  L  G  S  C  A  O  D  S  W  E  E  T  G  T
P  O  C  B  C  O  S  E  P  N  M  L  F  A  M  I  L  Y  O  T
P  P  O  A  E  W  O  H  G  M  T  L  A  R  D  E  N  T  N  A
A  T  U  T  S  R  N  E  O  I  A  C  T  I  V  I  T  Y  I  C
S  I  S  C  T  Y  R  C  Q  C  A  Z  D  E  F  E  N  D  S  P
K  O  I  A  O  K  C  B  C  O  N  N  E  C  T  I  O  N  M  R
L  N  N  T  R  A  Q  M  Z  N  K  Y  C  N  A  T  S  N  O  C
O  P  A  U  T  H  O  R  I  T  Y  N  P  E  W  D  E  A  T  H
F  Y  R  A  S  R  E  V  I  N  N  A  Y  D  O  T  S  U  C  K
```

Abilities	Affinity	Approval	Community	Death	Sibling
Accommodation	Alimony	Ardent	Concern	Decency	Single
Activity	Allegiance	Association	Congenial	Defend	Son
Adolescence	Ancestor	Attentive	Conjugal	Descent	Sweet
Adoption	Anger	Aunt	Connection	Diverse	Tact
Adult	Anniversary	Authority	Constancy	Dowry	Ties
Advice	Antagonism	Coaching	Couple	Fair	
Advise	Anxiety	Cohort	Cousin	Family	
Affection	Appreciation	Commitment	Custody	Folks	

WORD SEARCH 74

Find the words in the grid. Words can go horizontally, vertically and diagonally in all eight directions.

```
A D E A T H M A Y R A S R E V I N N A E
L D N T N R D Y Y E N Y M S P C O M L Q
A X O O E U O T T K N P C J K I Z P G L
S A S L L S I H C A R D E N T L U M A F
S B L T E N I O O S G L E A E O O V G A
O X D L I S N V E C I V D A C C O F U M
C K C F E C C I D G T O B D R R E T S I
I R F U E G T E I A M A C O P I H D E L
A A A R S B I B N M P O C P N O N H I Y
T L N T M T L A O C U N A T R H L G T X
I C C N S E O C N S E A L I M O N Y I G
O O E O I Y C D I C R T T O L K Y L L N
N N S I N A T N Y I E Y D N X Q B A I I
R G T T O M D E A C T I V I T Y N V B H
E E O C G E N F I A C O N J U G A L A C
H N R E A E E X H X U D I V E R S E R A
T I T F T T F J J T N N M R D O W R Y O
A A W F N S E N I O R A T E L G N I S C
F L I A A E D N O I T A I C E R P P A Q
E C N E D I F N O C E V I T N E T T A P
```

Abilities	Affinity	Approval	Confidence	Diverse	Senior
Accommodation	Alimony	Ardent	Congenial	Dowry	Single
Activity	Allegiance	Association	Conjugal	Eligible	Son
Adolescence	Ancestor	Attentive	Couple	Endearing	Tact
Adoption	Anger	Aunt	Cousin	Esteem	Ties
Adult	Anniversary	Authority	Custody	Fair	Twin
Advice	Antagonism	Coaching	Death	Family	
Advise	Anxiety	Cohort	Decency	Father	
Affection	Appreciation	Concern	Defend	Folks	

WORD SEARCH 75

Find the words in the grid. Words can go horizontally, vertically and diagonally in all eight directions.

```
D E C E N C Y L S A A V Y F T R O H O C
R H X C T R A I T E N T Y C E C I V D A
P F T N N I S U O C I C T T O B S N C N
Y C N A T S N O C N V T E E E U O O X R
A N M I E A C T I V I T Y S N I P J N E
T D W G A D G F A T H E R R T T X L W C
R V O E R P F P E C L L N A I O I N E N
U Z L L N A Z R U S A O D Z G A R V A O
S W A L E V G S V V I O J A S S F T E C
T C D A S S T W O T M V N N E S C N S N
A O O M T O C R C M F N D D I O O E K O
U A P Q D V P E O T I X E A T C M M L I
T C T Y K P N C N V G V S M I I P T O T
H H I K A N C E E C O W N A L A A I F C
O I O X O A C R D T E A D Z I T S M H E
R N N C T S S E I E U U G N B I S M A F
I G V C E A F O T N L J Z H A O I O N F
T C A D R E N N T T Y R W O D N O C G A
Y T B Y N M S I N O G A T N A J N Q E Y
K A R D E N T N I W T A L I M O N Y R Q
```

Abilities	Alimony	Attentive	Couple	Fair
Accommodation	Allegiance	Aunt	Cousin	Father
Activity	Ancestor	Authority	Custody	Folks
Adolescence	Anger	Coaching	Death	Son
Adoption	Anniversary	Cohort	Decency	Sweet
Adult	Antagonism	Commitment	Defend	Tact
Advice	Anxiety	Compassion	Descent	Ties
Advise	Approval	Concern	Devotion	Trait
Affection	Ardent	Connection	Dowry	Trust
Affinity	Association	Constancy	Earnest	Twin

WORD SEARCH 76

Find the words in the grid. Words can go horizontally, vertically and diagonally in all eight directions.

```
Z  Y  T  I  N  U  M  M  O  C  A  L  L  E  G  I  A  N  C  E
M  S  I  N  O  G  A  T  N  A  B  T  F  N  S  L  N  F  O  A
K  F  O  L  K  S  T  N  U  A  R  C  M  O  H  O  O  A  N  S
W  C  O  A  C  H  I  N  G  H  M  A  A  I  I  N  I  I  J  S
H  P  M  W  K  A  C  T  I  V  I  T  Y  T  V  L  T  R  U  O
N  T  S  C  I  M  A  N  Y  D  T  N  A  O  A  D  A  N  G  C
A  I  A  L  I  M  O  N  Y  E  A  D  K  V  R  I  I  O  A  I
N  E  T  E  E  Z  N  Y  N  N  O  R  O  E  E  S  C  I  L  A
G  S  Q  E  D  R  T  T  N  M  A  R  D  D  E  T  E  T  S  T
E  Y  T  N  E  I  I  I  M  A  P  N  S  E  X  A  R  C  E  I
R  S  T  C  N  V  V  O  L  P  D  Y  C  E  N  N  P  E  I  O
E  N  N  I  E  E  C  C  A  V  A  O  T  E  N  T  P  F  T  N
J  O  F  L  R  C  S  K  O  A  D  C  L  E  S  I  A  F  I  Y
C  F  C  S  A  O  C  R  D  U  O  E  E  E  I  T  O  A  L  T
A  R  A  P  N  P  H  U  E  U  P  D  F  S  S  X  O  R  I  R
T  R  A  I  T  R  L  T  S  V  T  L  O  E  I  C  N  R  B  O
Y  W  W  N  R  T  T  I  U  T  I  R  E  W  N  V  E  A  A  H
L  A  I  V  I  V  N  O  C  A  O  D  T  K  R  D  D  N  L  O
L  A  I  N  E  G  N  O  C  D  N  D  W  L  P  Y  X  A  C  C
M  E  L  B  A  T  R  O  F  M  O  C  Y  E  C  I  V  D  A  E
```

Abilities	Affinity	Approval	Community	Defend	Senior
Accommodation	Alimony	Ardent	Concern	Devotion	Shivaree
Activity	Allegiance	Association	Congenial	Distant	Son
Adolescence	Ancestor	Attentive	Conjugal	Diverse	Tact
Adoption	Anger	Aunt	Convivial	Dowry	Ties
Adult	Anniversary	Authority	Couple	Dynamics	Trait
Advice	Antagonism	Coaching	Cousin	Esteem	Twin
Advise	Anxiety	Cohort	Custody	Fair	
Affection	Appreciation	Comfortable	Death	Folks	

WORD SEARCH 77

Find the words in the grid. Words can go horizontally, vertically and diagonally in all eight directions.

```
A P P R O V A L Y Y L C E C I V D A C G
A C T I V I T Y T D A Y C N A T S N O C
T N A T S I D I T T E O W A L I M O N Y
A S R A J Z N V T I M C N Y N D D V Z T
C B E K L I C E W M R O E O R N P C A E
T C H I F L N O U E I O I N E W O L S F
Y A T F T T E N M T S H F C N O R S A
T D A A I N I G A M A I E T C Y E D O S
E O F V R T A I I D I D V E U V A G C M
I P E Q Y D C D O A F T R D I A N N I N
X T S P K E E M O M N N M D A N C I A O
N I U G R C M N T L S C H E V Z E H T I
A O O P O O O R T H E I E S N N S C I T
G N P U C I A R A T I S N C H T T A O C
M A S C T D O N R A T C C O U A O O N E
F I A O U H G C I E I O S E G S R C R F
N L V L O E L H A D L U W T N A T I J F
Q E T C R S O N F L I P E W N C T O N A
D K C O M F O R T A B L E I T L E N D G
Y R A S R E V I N N A E T N T N U A A Y
```

Abilities	Affinity	Approval	Commitment	Defend	Son
Accommodation	Alimony	Ardent	Community	Devotion	Spouse
Activity	Allegiance	Association	Concern	Distant	Sweet
Adolescence	Ancestor	Attentive	Constancy	Diverse	Tact
Adoption	Anger	Aunt	Couple	Dowry	Ties
Adult	Anniversary	Authority	Cousin	Fair	Twin
Advice	Antagonism	Coaching	Custody	Father	
Advise	Anxiety	Cohort	Death	Safety	
Affection	Appreciation	Comfortable	Decency	Sharing	

WORD SEARCH 78

Find the words in the grid. Words can go horizontally, vertically and diagonally in all eight directions.

```
N  T  X  C  C  A  F  Y  A  T  T  E  N  T  I  V  E  N  Q  T
O  F  H  O  O  Y  D  L  A  S  S  O  C  I  A  T  I  O  N  R
I  N  K  N  U  R  F  O  E  C  I  V  D  A  S  A  F  E  T  Y
T  C  A  J  S  W  H  I  L  T  W  I  N  N  R  E  C  N  O  C
A  O  Y  U  I  O  T  B  A  E  T  A  L  I  M  O  N  Y  D  B
I  N  D  G  N  D  F  D  A  L  S  R  N  T  S  E  N  R  A  E
C  F  E  A  T  T  O  N  A  P  T  C  O  N  N  T  I  A  R  T
E  I  C  L  S  M  X  I  Y  N  S  C  E  H  P  P  K  S  C  B
R  D  E  O  M  I  N  T  E  D  E  D  A  N  O  M  J  R  Q  A
P  E  N  O  E  E  I  D  Y  J  I  N  N  T  C  C  N  E  M  U
P  N  C  T  G  N  R  T  J  X  T  E  G  R  O  E  O  V  S  T
A  C  Y  N  I  A  I  T  E  G  I  F  E  E  M  A  I  I  I  H
A  E  O  F  A  N  N  C  R  S  L  E  R  T  P  D  T  N  N  O
K  C  F  U  U  I  O  C  D  I  I  D  F  H  A  O  C  N  O  R
S  A  S  M  P  A  G  E  E  A  B  V  K  G  S  P  E  A  G  I
M  E  M  K  C  L  A  E  D  S  A  E  D  U  S  T  F  T  A  T
P  O  N  H  L  T  E  U  L  T  T  G  K  A  I  I  F  S  T  Y
C  R  I  I  H  O  L  B  R  L  K  O  T  D  O  O  A  U  N  C
M  N  Z  V  O  T  F  T  R  I  A  F  R  T  N  N  W  R  A  T
G  L  A  V  O  R  P  P  A  A  C  T  I  V  I  T  Y  T  J  K
```

Abilities	Affinity	Approval	Compassion	Decency	Tact
Accommodation	Alimony	Ardent	Concern	Defend	Ties
Activity	Allegiance	Association	Confidence	Dowry	Trait
Adolescence	Ancestor	Attentive	Congenial	Earnest	Tribe
Adoption	Anger	Aunt	Conjugal	Fair	Trust
Adult	Anniversary	Authority	Couple	Folks	Twin
Advice	Antagonism	Coaching	Cousin	Safety	
Advise	Anxiety	Cohort	Daughter	Senior	
Affection	Appreciation	Community	Death	Son	

WORD SEARCH 79

Find the words in the grid. Words can go horizontally, vertically and diagonally in all eight directions.

```
C U S T O D Y Y R A S R E V I N N A N A
N Z M C O M M O N A L I T Y Y Z B S O D
A F R C O A C H I N G M J N T F D S I O
T L C O N C E R N T R N O T E K Y O T P
R P L G T A P P R E C I A T I O N C C T
O E E E A C T I V I T Y N N X N A I E I
H R V C G E C C P A V S C A N M M A F O
O A L I L I T O D V S P E T A C I T F N
C B D P T V A O U P E O S S L O C I A S
L N U O A N M N D R I U T I G U S O O Q
M O A U L M E Y C L T S O D J S L N R J
C S N R O E T T A E I E R A L I M O N Y
T T I C D I S V T N L E O D D N E F E D
M N C N N E O C D A I P S U I T A C T A
S A E I O R N E E P B W K I S V M P D E
J E F C P G A T R N A Y T H V X E U N S
F F I P S T A I D E C E N C Y D L R R T
A L A T H E A T Y L R E D L E T A B S E
D O W R Y F D T N E M T I M M O C V Z E
H Y T I R O H T U A H E C I V D A N K M
```

Abilities	Alimony	Association	Courteous	Dynamics
Accommodation	Allegiance	Attentive	Cousin	Elderly
Activity	Ancestor	Aunt	Custody	Esteem
Adolescence	Anger	Authority	Death	Fair
Adoption	Anniversary	Coaching	Decency	Son
Adult	Antagonism	Cohort	Defend	Spouse
Advice	Anxiety	Commitment	Descent	Tact
Advise	Appreciation	Commonality	Distant	Ties
Affection	Approval	Concern	Diverse	Twin
Affinity	Ardent	Couple	Dowry	

WORD SEARCH 80

Find the words in the grid. Words can go horizontally, vertically and diagonally in all eight directions.

```
L  D  G  N  I  H  C  A  O  C  H  A  D  R  Y  E  F  L  Y  S
Y  R  A  S  R  E  V  I  N  N  A  D  I  E  T  S  O  P  T  E
C  S  C  O  N  S  T  A  N  C  Y  O  V  T  E  T  L  C  I  I
T  O  E  J  R  O  U  Z  T  W  A  P  O  H  I  E  K  O  R  T
S  Y  U  I  M  N  I  R  R  N  N  T  R  G  X  E  S  N  O  I
U  A  R  S  T  S  O  T  G  W  L  I  C  U  N  M  N  N  H  L
R  B  L  W  I  H  I  E  A  A  T  O  E  A  A  O  M  E  T  I
T  A  N  L  O  N  R  N  V  I  M  N  Y  D  I  F  L  C  U  B
N  T  S  C  E  D  X  O  O  P  C  S  Z  T  R  A  I  T  A  A
O  T  E  S  K  G  R  A  E  G  O  E  A  C  T  I  V  I  T  Y
I  E  L  M  O  P  I  T  D  N  A  D  R  A  L  I  M  O  N  Y
T  N  P  L  P  C  I  A  Y  O  O  T  P  P  H  Q  Y  N  C  L
C  T  U  A  E  T  I  T  N  M  L  T  N  A  P  T  C  R  O  A
E  I  O  L  I  S  I  A  M  C  C  E  D  A  L  A  N  R  N  N
F  V  C  V  R  N  I  O  T  P  E  U  S  H  T  A  E  D  G  C
F  E  E  I  I  Y  C  V  H  I  L  V  S  C  Y  L  C  T  E  E
A  F  A  F  R  C  C  N  D  T  O  V  N  T  E  F  E  C  N  S
N  F  F  A  Y  T  E  F  A  S  N  K  W  O  N  D  A  I  T
M  A  C  E  C  I  V  D  A  E  N  G  A  G  E  D  C  T  A  O
C  O  N  C  E  R  N  A  R  D  E  N  T  P  T  X  Y  E  L  R
```

Abilities	Alimony	Association	Constancy	Esteem
Accommodation	Allegiance	Attentive	Couple	Fair
Activity	Ancestor	Aunt	Cousin	Folks
Adolescence	Anger	Authority	Custody	Safety
Adoption	Anniversary	Coaching	Daughter	Son
Adult	Antagonism	Cohort	Death	Tact
Advice	Anxiety	Competitive	Decency	Ties
Advise	Appreciation	Concern	Divorce	Trait
Affection	Approval	Congenial	Dowry	Trust
Affinity	Ardent	Connection	Engaged	

SOLUTION

WORD SEARCH 71

WORD SEARCH 72

WORD SEARCH 73

```
A D E C E N C Y T N E M T I M M O C V A
L D A L I M O N Y C O N C E R N W C D R
T L O A K N O I T A I C O S S A O U L Y
N A N L U B Y N D I V E R S E A L A T D
O G O C E N Y T I N U M M O C T V I T E
I U I S O S T N E C S E D H N O N N L E
T J T E T N C G N I L B I S R I O F V I
A N C I L R G E E Z X N W F F I U A A T
I O E T E G O E N S G N P F T O I G N T
C C F I A S N H N C I A A A A C R H F T
E A F L A L M I O I E V D E C I V D A T
R D A I N D L G S C A O D S W E E T G T
P O C B C O S E P N M L F A M I L Y O T
P P O A E W O H G M T L A R D E N T N A
A T U T R N E O I A C T I V I T Y I N C
S I S C Y R C Q C A Z D E F E N D S S P
K O I A T K C B C O N N E C T I O N M R
L N N T R A Q M Z N K Y C N A T S N O C
O P A U T H O R I T Y N P E W D E A T H
F Y R A S R E V I N N A Y D O T S U C K
```

WORD SEARCH 74

```
A D E A T H M A Y R A S R E V I N N A E
L D N T N R D Y Y E N Y M S P C O M L Q
A X O O E U O T T K N P C J K I Z P G L
A S S L L S I H C A R D E N T L U M A F
S B L T E N I O O S G L E A E O B V G A
O X D L I S N V E C I V D A C C O F U M
C K C F E C C I D G T O B D R R E T S I
I R F U E G T E I A M A C O F I H D E L
A A A R S B I B N M P O C F N O N H I Y
T L N T M T L A O C U N A T R H L G T X
I C C N S E O C N S E A L I M O N Y I G
O O E O I Y C D I C R T T O L K Y L L N
N N S I N A T N Y I E Y D N X Q B A I I
R G T T O M D E A C T I V I T Y N V B H
E E O C G E N F I A C O N J U G A L A C
H N R E A E E X H X U D I V E R S E R A
T I T F T T F J J T N N M R D O W R Y O
A W F N S E N I O R A T E L G N I S S C
F L I A A E D N O I T A I C E R P P A Q
E C N E D I F N O C E V I T N E T T A P
```

WORD SEARCH 75

```
D E C E N C Y L S A A V Y F T R O H O C
R H X C T R A I T E N T Y C E C I V D A
P F T N N I S U O C I C T T O B S N C N
Y C N A T S N O C N V T E E E U O X N R
A N M I E A C T I V I T Y S N I P J N E
T D W G A D G F A T H E R R T T X L W C
R V O E R P F P E C L L N A I O I N E N
U Z L L N A Z R U S A O D Z G A R V A O
S W A L E V G S V V I O J A S S F T E C
T C D A S S T W O T M V N N E S C N S N
A O O M T O C R C V F N D D I O E K O I
U A P Q D V P E O T I X E A T C M M L O
T C T Y K P N C N V G V S M I P T O T
H H I A N C E E C O W N A L A A I F C
O I O X O A C R D T E A D Z I T S M H E
R N C T S S E I E U U G N B I S M A F
I G V C E A F O T N L J Z H A O I O N F
T C A D R E N N T T Y R W O D N O C Q A
Y T B Y N M S I N O G A T N A J N Q E Y
K A R D E N T N I W T A L I M O N Y R Q
```

WORD SEARCH 76

```
Z Y T I N U M M O C A L L E G I A N C E
M S I N O G A T N A B T F N S L N F O A
K F O L K S T N U A R C M O H O A N S
W C O A C H I N G H M A A I N I R S O
H P M W K A C T I V I T Y T V L T R C
N T S C I M A N Y D T N A O A D A N I
A I A L I M O N Y E A D K V R I I A
N E T E E Z N Y N N O R O E E S C L A
G S Q E D R T T N M A R D D E T E S T
E Y T N E I I I M A P N S E X A R C E I
R S T C N V V O L F D Y C E N N P E T O
E N N I E E C C A V A O T E N T P F T N
J O F L R C S K O A D C L E S I A F I Y
C F C S A O C R D U Q E E E I T O A L T
A R A P N P H U E U P D F S S X O R I R
T R A I T R L T S V T L O E I C N R B O
Y W W N R T T I U T I R E W N V E A A H
L A I V I V N O C A O D T K R D D N L O
L A I N E G N O C D N D W L P Y X A C C
M E L B A T R O F M O C Y E C I V D A E
```

WORD SEARCH 77

WORD SEARCH 78

WORD SEARCH 79

```
C U S T O D Y Y R A S R E V I N N A N A
N Z M C O M M O N A L I T Y Y Z B S O D
A F R C O A C H I N G M J N T F D Y O I A D
T L C O N C E R N T R N O T E K Y N C T O
R P L G T A P P R E C I A T I O N A I E P
O E E E A C T I V I T Y Y N N X N M F T I
H R V C G E C C P A V S C A N M A C F F O
O A L I L I T O D V S P E T A C I T I O N
C B D P T V A O U P E O S L C U I O F A S
L N U O A N M N D R I U T I G S L N S Q
M O A U L M E Y C L T S O D J S L N R J
C S N R O E T T A E I E R A L I M O N Y
T T I C D I S V T N L E O D D N E F E D
M N C N N E O C D A I P S U I T A C T A
S A E I O R N E E P B W K I S V M P D E
J E F C F G A T R N A Y T H V X E U N S
F F I P S T A I D E C E N C Y D L R R T
A L A T H E A T Y L R E D L E T A B S E
D O W R Y F D T N E M T I M M O C V Z E
H Y T I R O H T U A H E C I V D A N K M
```

WORD SEARCH 80

```
L O G H I H I H G A O G H A D R Y E F L Y S
Y R A S R E V I N N A A D V T T B P T E
C S C O H S T A N C Y V H E E K O R I
T O E J R O U Z T W A P H E B N T
S Y U I M N I B R N N I E U N M N L
U A R S T S O T W L E C U N A O U A
R B L W I H I E A T I M N Q P L B
A T N L O N R N V I N G Y D F I V I N
T I B C E D X D O P C R E T R A T I A T
H T E S K G R A E G B A O A L I H N
O H M O R I T D N A D R Y P P H Q Y O R
R I L E G A Y O T H M L T N A P T Y O R
I T U A E T I T F N L C E D A L A N H B
T V O L I B I A M C G E D A L A N H B
Y B R V R H I O T P F E U B H T A B D O H
A F A F R C H D T O V H T E F E C
H F F A Y T B F A B N K W O H A I
M A C E E I V D A E N S A B E D C T
O H O E R H A R D E N T P T X Y B
```

MILITARY
&
VETERANS

WORD SEARCH 81

Find the words in the grid. Words can go horizontally, vertically and diagonally in all eight directions.

```
N O I T I N U M M A M N H S A D A E R I A L L J R
G A Y A A N O I L A T T A B J N L H T A E D N T Y
N G D R E F E T N E T E D N F C V S Z I K B O T R
T G O M R I L T B T M F K N A L F I N Y L P N E E
B R O A A X D O E M T J A B B N G U K G S E N N I
R E L M C L T S A L B H E R M R E G T E M L A D F
I S B E S L C Q N T L D A B C T E N D D H L C U E
G S Z N H A A L E R T U E P A R T A R L P D B R V
A O G T D S I R B E D T B L P C I A C R N E D E I
D R F A C T I O N B R M I A A E B A I H C F L H T
E Y V D A N G E R A D H K R D M A A W R L E E B P
P E H D U E F U Y L I E R C O A E S W B D N I E A
R F D C W N T F E N V I X B A G E E E I A D F L C
S T E B R A R I N B E B K C A P C D S M Q T R L R
S N A U L A F A E R A F B N E N T D B H E R I I P
A U D R Y E N V V R I R R F A S N U O N O N A G A
C O L Y L D I A R E V A R V N I S L R O N C T E R
R C Y T A T G A R L C F D I L H A N R E L H K R T
A C T M P I G C T T A A E B C D C L G E M B M E Y
C A A A T E E A F T L Q H A U A E A L I T N L N B
B G C A M Z J R L A L T J T R R D F R I A T P T O
E W T K L L Z G E B I C A R E E N E E B A P A C O
B O M B K P T O E T E G A L F U O M A C I N M B B
R T V B U N K E R X S M B A Y O N E T H T N C A K
P Y T I L A T U R B A P A R T H E I D W K M E E C
```

Account	Allies	Batter	Booby trap	Cannon	Dash	Endure
Advance	Ambush	Battle	Breach	Captive	Dead	Excess
Aerial	Ammunition	Battlefield	Brigade	Captive	Deadly	Faction
Afloat	Anarchy	Bayonet	Brutal	Capture	Death	Fear
Aggressor	Anguish	Belligerent	Brutality	Carbine	Debacle	Feud
Agitator	Annihilate	Betray	Bullet	Carcass	Debris	Fierce
Aim	Apartheid	Blast	Bunker	Careen	Defect	Fiery
Aircraft	Appeasement	Blindside	Burn	Cargo	Defend	Flank
Airfield	Armament	Blood	Bury	Carnage	Despot	Flee
Airplane	Barrage	Bloody	Cadaver	Carrier	Detente	Fray
Alert	Barricade	Bomb	Camouflage	Damage	Die	Scare
Alliance	Battalion	Bombardment	Campaign	Danger	Elite	Shock

WORD SEARCH 82

Find the words in the grid. Words can go horizontally, vertically and diagonally in all eight directions.

```
E D B T N T Q Z D B A T T L E F I E L D Q D U E F
S R E R O O C L A T U R B P G B O O B Y T R A P E
C S U F E P I E G A M A D M A P A R T H E I D L T
D L A D E A S L T N B O M B R E V A D A C N T N B
T E W C N C C E A E M Y F M Q A C E E L F T E A T
Y T F C R E T H D T D D A S H G A N B D A L R M T
F H N E T A B M T O T H F D S G R I A B L R O T Y
O D C Y N F C U O M B A E L I R G B C G A F E A R
R O B R T D A L N E T V B E U E O R L G E V G A T
C O E A A I B R T K I T E I G S X A E C B C M D F
E L L X P N L R C T E N R F N S J C N R A B E O M
B B L T Z P A A P R A R E R A O Q A I R U B O E W
O Y I N L Y E A T L I K T I J R V G R S R R T V E
M R G U N C C A P U N A T A M D A I H I P A E A R
B E E O E Y A R S A R S A W A D E P S T L V G R U
A I R C B D I M L E E B B P E R C Q E I A B A M T
R F E C R A I F P C M R A E R I A L H G Q U N A P
D T N A X A Y S R A E E T X J P L I I N M R R M A
M E T H E R L O D G I U N D K U N T F N O N A E C
E L E D V A F L N N C G E T B N A J J N H N C N S
N L T E I L B A I E I A N B A T T S A L B W N T S
T U I A T L D Y X A T L U N O I T I N U M M A A E
R B L D P I R E A H N R B R X M Z A L E R T K K C
B Z E L A E K F A R Y C A R E E N M I A E I D V X
X B N Y C S P R M D F N E E D A C I R R A B M R E
```

Account	Allies	Batter	Booby trap	Cannon	Dash	Endure
Advance	Ambush	Battle	Breach	Captive	Dead	Enemy
Aerial	Ammunition	Battlefield	Brigade	Captive	Deadly	Excess
Afloat	Anarchy	Bayonet	Brutal	Capture	Death	Execute
Aggressor	Anguish	Belligerent	Brutality	Carbine	Debacle	Fear
Agitator	Annihilate	Betray	Bullet	Carcass	Debris	Feud
Aim	Apartheid	Blast	Bulletproof	Careen	Defect	Fiery
Aircraft	Appeasement	Blindside	Bunker	Cargo	Defend	Flank
Airfield	Armament	Blood	Burn	Carnage	Despot	Flee
Airplane	Barrage	Bloody	Bury	Carrier	Detect	Force
Alert	Barricade	Bomb	Cadaver	Damage	Die	Forces
Alliance	Battalion	Bombardment	Campaign	Danger	Elite	Fray

WORD SEARCH 83

Find the words in the grid. Words can go horizontally, vertically and diagonally in all eight directions.

```
D N B A T T L E F I E L D D E A D E S N E F E D B
O E D Y E B Y A T C L A T U R B T N C C G C K R W
D G A O M Z U M L X T S A L B A H A N J A L I C F
L B R D O E I L G L L R R D L S M A F R N G V A F
E Y A A L L N E L Y I E E I A B V T C L A G T P M
I Y T Y C Y B E S E K A H D U D H A D D O A N T B
F O H I O Y B U R N T I N S A G S E E B L A T I O
R R W C L N L K U H N P H C I S I S B U M K T V M
I T E B R A E B T N U K R F E D U C A R B I N E B
A S F N L A T T A F O R A O R U G O C Y Y F L E A
T E F A Z I N U R F C E K P O E N R L C O I N V R
T D G L R Y N A R E C G N L P F A E E R T A W A D
E A J A E C Y D L B A N J O D E V I C E L Y D G M
L R B N L E R T S B R A C E I D A E X P S D A G E
L M B O Y F T I M I C D V C A L B S R J C O M R N
U A E R O A U O A A D I D G A A A I E P A O A E T
B M L R B B B O D D T E I Y R R A T C M R L G S Y
N E L E D K Y A M P K T T R K N N F T A E B E S C
G N I T F M V T A A A L A N O N N A C A P N M O T
I T G T X E K C R T C G A E R I A L G S B T T R B
A G E A R C R M O A E A L E R T N L X E I Q U E D
P Q R B F I E R C E P N E E R A C I M X K R T R X
M F E A R N O I T I N U M M A M V E M I A R B H E
A K N E D A C I R R A B F I E R Y S F L A N K E X
C R T A P A R T H E I D B B R E A C H Y O L P E D
```

Account	Ambush	Battlefield	Brutal	Capture	Debris	Fight
Advance	Ammunition	Bayonet	Brutality	Carbine	Defense	Flank
Aerial	Anarchy	Belligerent	Bullet	Carcass	Deploy	Flee
Afloat	Anguish	Betray	Bulletproof	Careen	Destroy	Force
Aggressor	Annihilate	Blast	Bunker	Cargo	Device	Fray
Agitator	Apartheid	Blindside	Burn	Carnage	Die	Frenzy
Aim	Appeasement	Blood	Bury	Damage	Elite	Scare
Aircraft	Armament	Bloody	Cadaver	Danger	Enemy	Score
Airfield	Barrage	Bomb	Camouflage	Dash	Fatal	Seize
Airplane	Barricade	Bombardment	Campaign	Dead	Fear	
Alert	Battalion	Booby trap	Cannon	Deadly	Feud	
Alliance	Batter	Breach	Captive	Death	Fierce	
Allies	Battle	Brigade	Captive	Debacle	Fiery	

WORD SEARCH 84

Find the words in the grid. Words can go horizontally, vertically and diagonally in all eight directions.

```
V R H F E U D G B V Z E N O I T I N U M M A K Z Y
T B S Z N D N E F E D T B O M B A R D M E N T D Q
Y R I E V I T P A C L I A Y R E I F H T A R O F N
D U U B C A P T U R E L M L M J Y F L L J O A Z H
B T G A W A P A R T H E I D L M B B F O L T E H Q
O A N T F F X A E R I A L G E I E U B B A A V M E
O L A T E L L U B C E X M N E T A R R L T T I A D
B I N L F X S S E L R A E F R R U N C Y N C T G A
Y T W E R A W G T R E L N A L T E A C L U I P G G
T Y D F E W R T Q C R L Y O A E R N B E O D A R I
R T A I T R A C N K A I N L I C D P T E C D C E R
A H N E T B A A R E R E X K A L W I T M C Z A S B
P Q G L A V V C M I M S R S A A A A S A A O R S Q
Y G E D B D R C D D A R S E G P L T M D G F A O H
B H R Y A P M I A I M B E I K I P O T R N M L R T
M R C A M P A I G N E L T F H N U E A A B I Y E D
J E E R Y O L P E D N A E I N F U C A U B L L H E
C G E A A S C O R E T N N R L N D B S S D R T B B
A A G D C N B Y B O A N U A Y K L H S A E A H N R
R M A O H H A A R L A B G L P F E Y E C E M E Z I
R A N O T R R F P R D E F E C T I D J D A R E D S
I D R L F R O R D B A Y O N E T F K A L E R T N K
E L A B A R I W F P B O M B C A R B I N E J E G T
R M C G C A X B T S A L B G X W I C A D A V E R Z
L K E E E D A C I R R A B N F R A E F N O N N A C
```

Account	Allies	Batter	Booby trap	Cannon	Dash	Fatal
Advance	Ambush	Battle	Breach	Captive	Dead	Fear
Aerial	Ammunition	Battlefield	Brigade	Captive	Deadly	Fearless
Afloat	Anarchy	Bayonet	Brutal	Capture	Death	Ferment
Aggressor	Anguish	Belligerent	Brutality	Carbine	Debris	Feud
Agitator	Annihilate	Betray	Bullet	Carcass	Defect	Fiery
Aim	Apartheid	Blast	Bunker	Careen	Defend	Flank
Aircraft	Appeasement	Blindside	Burn	Cargo	Deploy	Flee
Airfield	Armament	Blood	Bury	Carnage	Dictator	Force
Airplane	Barrage	Bloody	Cadaver	Carrier	Die	Fray
Alert	Barricade	Bomb	Camouflage	Damage	Elite	Scare
Alliance	Battalion	Bombardment	Campaign	Danger	Enemy	Score

WORD SEARCH 85

Find the words in the grid. Words can go horizontally, vertically and diagonally in all eight directions.

```
M C R R N D N E F E D T H M T Y L T C A R E E N Y
S A E D E A T H N D B S F C D N C T F N T J C B O
I M K L C L F A F E O E S O A A O L D A X A R F L
R P N Q A N L L T O U O O A N E P I L E R U N R P
B A U W R P E R O D O L L N C D R I L N T C V A E
E I B U R V A Y A A B R O B I R H B A A E E R Y D
D G B I I Y R G K L T N P E Y I A G L L T P C I K
P N A T E Z I E S A L E R T N H E C T M Z T C T A
F T P Q R T B R I G A D E N E M C T S A L B A L N
M A A P A R T H E I D F A G X L A R P F B K A B D
C B P T Y B N P L H L A B T A B L M A A L T H D A
B F O P F M U D R S L R O N T V R U R N A E K D M
E R I O E I E R P I Y M M U M I A R B F A R E L A
L Z Y G B A E N Y U L A B O F G A S B O M B R E G
L Y T D H Y S R E G D M A C N G F A N A T I C I E
I E E A F T T E Y N A E R C E M T L X G T Q B F L
G G D N L L B R M A E N D A N M Q L G G C J R R R
E A I G Z L D A A E D T M E D A C I R R A B U I E
R L S E F A I M Y P N R E N L K G E S E P S T A T
E F D R E E B A C O Z T N I F C K S C S T C A T T
N U N D M U A M N A N N T B H M A N A S I O L C A
T O I H S A D R R C R E C R O F A B R O V R I E B
L M L H A E R I A L E G T A V V N N E R E E T F C
D A B T E L L U B X K D O C D R E V A D A C Y E Y
M C N O I T I N U M M A B A T T L E F I E L D D R
```

Account	Ambush	Battlefield	Brutal	Carbine	Debris	Flee
Advance	Ammunition	Bayonet	Brutality	Carcass	Defect	Force
Aerial	Anarchy	Belligerent	Bullet	Careen	Defend	Fray
Afloat	Anguish	Betray	Bulletproof	Cargo	Deploy	Savage
Aggressor	Annihilate	Blast	Bunker	Carnage	Detect	Scare
Agitator	Apartheid	Blindside	Burn	Carrier	Die	Score
Aim	Appeasement	Blood	Bury	Damage	Enemy	Seize
Aircraft	Armament	Bloody	Cadaver	Danger	Fanatic	
Airfield	Barrage	Bomb	Camouflage	Dash	Fatal	
Airplane	Barricade	Bombardment	Campaign	Dead	Fear	
Alert	Battalion	Booby trap	Cannon	Deadly	Feud	
Alliance	Batter	Breach	Captive	Death	Fiery	
Allies	Battle	Brigade	Captive	Debacle	Fight	

WORD SEARCH 86

Find the words in the grid. Words can go horizontally, vertically and diagonally in all eight directions.

```
E D R T B C B A Y O N E T Y K E T E D A G I R B T
R K O A D E A D L Y R N E O C A M O U F L A G E L
O D X O P L L D R C G J O N P H E D I S D N I L B
C L L L L P E L A P N C A I I S B C B U N K E R B
S E E L F B E M I A L V A Y L L E U C K R H E A L
P I X V R T P A G G D A V R C A C D R K B L R L Q
B F Y I I A F I S A E E F A E B T E J N T R Q L T
O E S H I T T A O E N R P L R E P T D T A B O M B
M L H G C A P G R A M T E E O B N X A G F K C K E
B T N S T R R A L C U E A N J A O B E B I D A S V
A T Q O A A A P C R R C N R T E T O K U E L R S I
R A R F C D R N E Y H I C T H G S V B R R E B A T
D B E H D I C T A T O R A R S A I Z Y Y Y I I C P
M Y T K A P A R T H E I D T I N L B T D T F N R A
E T T A E R I A L T A B A A U R N Q O A D R E A C
N I A M N O N N A C L T V G G A E O M A E I A C Z
T L B F R A Y L W A L H E G N C L B T R M A K P P
D A E I D Q I V S R I T R R A B U Z C M O D U E F
E T L M L H T T L R E T E E D S F N E A L E R T B
L U T L I A D A T I S N T S H E L D F M I C E X E
C R L N I A T E X E J U I S M Z A L E E S N Z M T
A B N X N A L U C R N O L O L E N T D N H F I W R
B A Z G F L N R R B J C E R D Y K R H T D T E L A
E B E M U P O C Q B N C N O I T I N U M M A S A Y
D R L B B F D Z E E G A M A D E D A C I R R A B R
```

Account	Allies	Batter	Booby trap	Cannon	Dash	Elite
Advance	Ambush	Battle	Breach	Captive	Dead	Enlist
Aerial	Ammunition	Battlefield	Brigade	Captive	Deadly	Fatal
Afloat	Anarchy	Bayonet	Brutal	Capture	Death	Fear
Aggressor	Anguish	Belligerent	Brutality	Carbine	Debacle	Feud
Agitator	Annihilate	Betray	Bullet	Carcass	Debris	Fiery
Aim	Apartheid	Blast	Bunker	Careen	Decline	Flank
Aircraft	Appeasement	Blindside	Burn	Cargo	Defect	Flee
Airfield	Armament	Blood	Bury	Carnage	Demolish	Force
Airplane	Barrage	Bloody	Cadaver	Carrier	Despot	Fray
Alert	Barricade	Bomb	Camouflage	Damage	Dictator	Score
Alliance	Battalion	Bombardment	Campaign	Danger	Die	Seize

WORD SEARCH 87

Find the words in the grid. Words can go horizontally, vertically and diagonally in all eight directions.

```
B A T T L E F I E L D M D A M A G E T P M B X C D
Y B E M H Y T I L A T U R B Q R E I D E M E A L E
D R N M S C A R R I E R T S Y M B L T O L D C N V
O I I R I A Y M T Y M E N E L A E J B I A L A K I
O G B T U A P H S F G B U C D M L G T V S L U Z C
L A R E G G B P C Y A N O R A E L E E I P O B B E
B D A G N G D L E R L R C E E N I R R G R B T A
V E C A A R D E I A A C C T D T G B I R U E A M B
B C Z L F E E J S N S N A R C W E A A T T L B A R
D A F F E S B E D T D E A T I D R C A R I U R D B
E R Y U U S A P V D R S M I A A E L A H S R T L U
A C N O D O C F N I E O I E G C N Y I H A N N E L
T A O M N R L X L D T T Y D N W T N A G Z H E I L
H S I A K E E V E O T P E T E T N G E R R S M F E
N S T C H A T P E J A W A N N A K D A E F E D R T
A E R I A L L L Q D B T N C T O E G K B C I R I P
F P E V V O T L T A L E R T G E I N T N F T A A R
C A S R Y T N G I A P M A C L T U L A T I L B C O
A R E D A C I R R A B P F F A B H V A V G A M A O
P T D B Y C E B A K N E D T Y W D S N T H U O N F
T Y K D D G Q N L D A C O O B A X E A C T S B N X
I B Y M N H P L L R Z R E G O U C K A D E A Q O J
V O T A N O I T I N U M M A W L R F C D R C B N N
E O D T S A L B E C A R N A G E B Y J B R E A C H
F B N T B U R N S Z T A P A R T H E I D K N A L F
```

Account	Allies	Batter	Booby trap	Campaign	Damage	Device
Advance	Ambush	Battle	Breach	Cannon	Danger	Die
Aerial	Ammunition	Battlefield	Brigade	Captive	Dash	Elite
Afloat	Anarchy	Bayonet	Brutal	Captive	Dead	Enemy
Aggressor	Anguish	Belligerent	Brutality	Carbine	Deadly	Fear
Agitator	Annihilate	Betray	Bullet	Carcass	Death	Feud
Aim	Apartheid	Blast	Bulletproof	Careen	Debacle	Fighter
Aircraft	Appeasement	Blindside	Bunker	Cargo	Debris	Flank
Airfield	Armament	Blood	Burn	Carnage	Deploy	Flee
Airplane	Barrage	Bloody	Bury	Carrier	Desertion	Fray
Alert	Barricade	Bomb	Cadaver	Casualties	Destroy	Secret
Alliance	Battalion	Bombardment	Camouflage	Cataclysm	Detente	

WORD SEARCH 88

Find the words in the grid. Words can go horizontally, vertically and diagonally in all eight directions.

```
E D A C I R R A B F B U L L E T P R O O F M F E C
Q T L T J T M Q B A T T L E F I E L D Z M K T A E
B O M B C B A E R I A L E D A G I R B C F A P N M
P P R E U H M E Y A E G A L F U O M A C L T A B A
L S F S S D L L G N O I T I N U M M A I I L U O R
L E H A E I N I R E V A D A C M N N H V P R E O M
D D D A T N T G P R A F E U D B F I E R Y L G B A
K D D E Y A O T I R B P N L X A N A I J T G A Y M
A L E R T D E I F A E O P Q C N N A F T K R N T E
Y E B O D E A D L A P D M E A A D G A L R Y R R N
T I R B L N B T E A R M I B A V B B E A O W A A T
I F I F K R E C A T T C A S A S R E G R B A C P K
L R S H E L N Y G L E T R C D R E E D B V B T C T
A I X A L A D B G D E C A I Q N D M Q F R H Q A Z
T A C U V O F U R O W C T B A T I M E A R S C P H
U H B D O R W R E O C A R B I N E L E N E I R T N
R W A L A Y E N S L A L D O M U E F B N T U M I A
B Y B Y O R H E S B Y L K K F O K T L A T G F V G
B M N D U G R C O N B I L N Q C B B N W A N I E R
E E O D E U R K R L P E Y I L C A A U E B A E D E
T N N N T V N A A A C S M O A A F R Y N T H R A I
R E N P C A I S C Z N D I E L N T L E O K E Y M R
A R A T L R T C T E P A C S E P C U N E N E D A R
Y C C F T N E R E G I L L E B H E E R L N E R G A
T P A P A R T H E I D C H T A E D D K B D P T E C
```

Account	Ambush	Battlefield	Brutal	Capture	Debris	Fear
Advance	Ammunition	Bayonet	Brutality	Carbine	Defect	Feud
Aerial	Anarchy	Belligerent	Bullet	Careen	Deploy	Fiery
Afloat	Anguish	Betray	Bulletproof	Cargo	Despot	Flank
Aggressor	Annihilate	Blast	Bunker	Carnage	Detect	Flee
Agitator	Apartheid	Blindside	Burn	Carrier	Detente	Force
Aim	Appeasement	Blood	Bury	Damage	Device	Fray
Aircraft	Armament	Bloody	Cadaver	Danger	Die	
Airfield	Barrage	Bomb	Camouflage	Dash	Elite	
Airplane	Barricade	Bombardment	Campaign	Dead	Endure	
Alert	Battalion	Booby trap	Cannon	Deadly	Enemy	
Alliance	Batter	Breach	Captive	Death	Escape	
Allies	Battle	Brigade	Captive	Debacle	Fanatic	

WORD SEARCH 89

Find the words in the grid. Words can go horizontally, vertically and diagonally in all eight directions.

```
C L Z B U L L E T P R O O F N O I T I N U M M A A
Y A L G Z N L B A T T L E F I E L D E E G K H M S
T L R A R T C A M O U F L A G E C V T I F P B Z H
X S D B T D E F E N D T L D J A I A K B D U C B O
N G I A I A E C I V E D N Y R T L H E Q S T A E C
E O B L E N F T A L E R T C P I M S G H R C R L K
R D I F N D E N L P Z L A A H B E I A F L E E L B
U L N L E E D U Y A T S C I U L W U N K A F E I R
T E W B A U B O M R S M N R I G E G R H G E N G I
P I X J R T D C E T P N Y T Q N A N A E G D R E G
A F N Y Y E T C N Y A H E H A G E A C T R A E R A
C R A V M I A A E B O M B L I L Z N Z Y E L T E D
B I C L J D T C B O H M P T C E A T D F S L T N E
E A N A L K E D H O T R A A A V D O F R S I A T N
Y G Y O R I B S J B I T B P D F O I E A O E B T N
Y A A O N R A U T A O E E A P L L G S F R S P B N
C H R M N N I N N R D Y N Y B E N O I D B C B R D
A A C F A E A E C K O T D X T A A E A R N E R E X
M R B R C D T C R E E Y U Q D I R S U T T I T I B
P M U D A B E D A C I R R A B Y L T E R T E L A A
A A R O P N A P A R T H E I D T A A A M C O R B W
I M N O T D A L R E V A D A C L R Y T T E R O D P
G E K L I J C D T N E M D R A B M O B U A N E H K
N N M B V D A S H T S A L B O G R A C G R A T N S
M T K Y E T R A E R I A L H T A E D E M D B Z G Q
```

Account	Allies	Batter	Booby trap	Campaign	Danger	Elite
Advance	Ambush	Battle	Breach	Cannon	Dash	Endure
Aerial	Ammunition	Battlefield	Brigade	Captive	Dead	Enemy
Afloat	Anarchy	Bayonet	Brutal	Captive	Deadly	Enlist
Aggressor	Anguish	Belligerent	Brutality	Capture	Death	Fatal
Agitator	Annihilate	Betray	Bullet	Carbine	Debacle	Fear
Aim	Apartheid	Blast	Bulletproof	Carcass	Defect	Feud
Aircraft	Appeasement	Blindside	Bunker	Careen	Defend	Fiery
Airfield	Armament	Blood	Burn	Cargo	Destroy	Flee
Airplane	Barrage	Bloody	Bury	Carnage	Detect	Fray
Alert	Barricade	Bomb	Cadaver	Carrier	Device	Shock
Alliance	Battalion	Bombardment	Camouflage	Damage	Die	Shoot

WORD SEARCH 90

Find the words in the grid. Words can go horizontally, vertically and diagonally in all eight directions.

```
V E B A T T L E F I E L D F D E D A C I R R A B A
L G A M Y A P A R T H E I D F R K C O H S R B C L
B A Y F J M E L C A B E D A D E A D L Y B E R C L
E N T D L N E S N E F E D G L T J X R T T K I A I
L R I O C O R N L N A N E G C T H U K Y N N G R E
L A L O A X A U E M A L B R F A B G D H U U A C S
I C A L R M C T B G T R E E T B P O I L O B D A T
G G T B R W S U I T U C E S T F O T A F C X E S C
E K U M I F S T A T N N C S N L A T U D C H D S E
R T R K E H A B A A A G B O B V A R C R A R H T F
E A B A R T X L V L V E C R O F D A C Z E D A J E
N R R F O B D D P N O I T I N U M M A R A L T K D
T M A R A D A R K D A M A G E P B O E N I R N D D
D A C L E P I N E E R A C M A A N V G H C A E P L
L M E A L A P T C E T E D I R C I E I R L M M H E
C E D D D I T E L L U B G R A T R N B F A X D S I
A N N F I A A D A J X N A R P B N B O M B C R I F
M T J O Y S V N I S X G B A E A A A E R I A L A U R
O B E B I H D E C E E I C T Y H Q V T S A L B G I
U F A V R L C N R E N M R Y S A L E R T L Y M N A
F Y E Y I E A R I E B A E A V M G E L I T E O A D
L N V U O T A T A L Y F D N O N N A C F G R B X E
A L K L D N P C T N B L H Z T B O O B Y T R A P A
G E R U D N E A H A A E B U L L E T P R O O F K T
E D N E F E D T C N B E Z W L S I R B E D M I A H
```

Account	Allies	Batter	Booby trap	Campaign	Danger	Elite
Advance	Ambush	Battle	Breach	Cannon	Dash	Endure
Aerial	Ammunition	Battlefield	Brigade	Captive	Dead	Enemy
Afloat	Anarchy	Bayonet	Brutal	Captive	Deadly	Fatal
Aggressor	Anguish	Belligerent	Brutality	Capture	Death	Fear
Agitator	Annihilate	Betray	Bullet	Carbine	Debacle	Feud
Aim	Apartheid	Blast	Bulletproof	Carcass	Debris	Fight
Aircraft	Appeasement	Blindside	Bunker	Careen	Defect	Flank
Airfield	Armament	Blood	Burn	Cargo	Defend	Flee
Airplane	Barrage	Bloody	Bury	Carnage	Defense	Force
Alert	Barricade	Bomb	Cadaver	Carrier	Detect	Scare
Alliance	Battalion	Bombardment	Camouflage	Damage	Die	Shock

SOLUTION

WORD SEARCH 81

WORD SEARCH 82

WORD SEARCH 83

```
D N B A T T L E F I E L D D D E A D E S N E F E F E D B
O E D Y E B Y A T C L A T U R B T N C C G C K R W
D G A O M Z U M L X T S A L B A H A N J A L I C F F
L B R D O E I L G L L R R D L S M A F R N G V A F F
E Y A A L L N E L Y I E E I A B V T C L A G T P M
I Y T T Y C Y B E S E K A H D U D H A D D O A N T B
F O H I O Y B U R N T I N S A G S E E B L A T M
R R R W C L N L K U H N P H C I S I S B U M K T V B
I T E B R A E B T N U K R F E D U C A R B I N E B
A S F N L A T T A F O R A O R U G O C Y Y F L A D
T E F A Z I N U R F C E K P O E N R L C O I N V R D
T D G L R Y N A R E C G N L P F A E E R T A W A D
E A J A E C Y D L B A N J O D E V I C E L Y D M
L R B N L E R T S B R A C E I D A E K P S D A R N
L M A B O Y F T I M I C D V C A L B R J C P A O A E N T
U A E L R O A U O A A D I D G A A A I E P A O A E S T Y
B M L R B B B O D D T E I Y R R A T C M R L G S C T
N E L E D K Y A M P K T T R K N N F T A E B E S C T
G N I T F M V T A A A L A N O N N A C A P N M O I T
I A T G T X E K C R T C G A E R I A L G S B T T R B
A G E A R C R M O A E A L E R T N L X E I Q U E D
P Q R B F I E R C E P N E E R A C I M X K R T R X
M A F E A R N O I T I N U M M A M V E M I A R B H E
A K N E D A C I R R A B F I E R Y S F L A N K E X
C R T A P A R T H E I D B B R E A C H Y O L P F E D
```

WORD SEARCH 84

```
V R H F E U D G B V Z E N O I T I N U M M A K Z Y
T B S Z N D N E F E D T B O M B A R D M E N T Q Q
Y R I E V I T P A C L I A Y R E I F H T A R O F N
D U U B C A P T U R E L M L M J Y F L L J O A Z N H
B T G A W A P A R T H E I D L M B B F O L T E H Q
O A N T F F X A E R I A L G E I E U B B A A Y M E
O L A T E L L U B C E X M N E T A R R L T T I A D
B I N L F X S S E L R A E F R R U N C Y N C T G A
Y T W E R A W G T R E L N A L T E A C L U I P G I
T Y D A F E W R T Q C R L Y O A E R N B E O D A R
R T A I T R A C N K A I N L I C D P T E C D C E B
A H N E T B A A R E R E X K A L W I T M C Z A S B
F Q G E D E D R C D A M S R S A A A A S A A O R S Q
Y B H R Y A P M I A I M B E I K I P O T R N M L R P
B M R C A M P A I G N E L T F H N U E A A B I Y E D
J E E R Y O L F E D N A E I N F U C A U B L L H B
C G E A A S C O R E T N N R L N D B S S D R T B B
A A G D C N B Y B O A N U A Y K L H S A E A H N Z B
R M A O H H A A R L A B G L P F E Y E C E M E Z I
R A N O T R R F P R D E F E C T I D J D A R E D S K
I D R L F R O R D B A Y O N E T F K A L E R T N K
E L A B A R I W F P B O M B C A R B I N E J E G T
R M C G C A X B T S A L B G X W I C A D A V E R Z
L K E E D A C I R R A B N F R A E F N O N N A C
```

WORD SEARCH 85

WORD SEARCH 86

WORD SEARCH 87

WORD SEARCH 88

```
C L Z B U L L E T P R O O F N O I T I N U M M A A
Y A L G Z N L B A T T L E F I E L D E E G K H M S
T L R A R T C A M O U F L A G E C V T I F P B Z H
X S D B T D E F E N D T L D J A I A K B D U C B O
N G I A I A E C I V E D N Y R T L H E Q S T A E C
E O B L E N F T A L E R T C P I M S G H R C R L K
R D I F N D E N L P Z L A A H B E I A F L E E L B
U L N L E E D U Y A T S C I U L W U N K A F E I R
T E W B A U B O M R S M N R I G E G R H G E N G I
P I X J R T D C E T P N Y T Q N A N A E G D R E G
A F N Y Y E T C N Y A H E H A G E A C T R A E R A
C R A V M I A A E B O M B L I L Z N Z Y E L T E D
B I C L J D T C B O H M P T C E A T D F S L T N E
E A N A L K E D H O T R A A A V D O F R S I A T N
Y G Y O R I B S J B I T B P D F O I E A O E B T N
Y A A O N R A U T A O E E A P L L G S F R S F B N
C H R M N N I N N R D Y N Y B E N O I D B C B R D
A A C F A E A E C K O T D X T A A E A R N E R E X
M R B R C D T C R E E Y U Q D I R S U T T I T I B
P M U D A B E D A C I R R A B Y L T E R T E L A A
A A R O P N A P A R T H E I D T A A A M C O R B W
I M N O T D A L R E V A D A C L R Y T T E R O D P
N G E K L I J C D T N E M D R A B M O B U A N E H
N N M B V D A S H T S A L B O G R A C G R A T N S
M T K Y E T R A E R I A L H T A E D E M D B Z G Q
```

WORD SEARCH 90

```
V E B A T T L E F I E L D F D E D A C I R R A B A
L G A M Y A P A R T H E I D F R K C O H S R B C L
B A Y F J M E L C A B E D A D E A D L Y B E R C I
E N T D L N E S N E F E D G L T J X R T T K I A E
L R I O C O R N L N A N E G C T H U K Y N G R L S
L A L O A X A U E V A L B R F A B G D H U A C A T
I C A L R M C T B G T R E E T B P O I L O B D A C
G T B R W S U I T U C E S T F O T A F C X E S C E
E K U M I F S T A T N N C S N L A T U D C H D S F
R T R K E H A B A A A G B O B V A R C R A R H T E
E A B A R T X L V L V E C R O F D A C Z E D A J E
N R R F O B D D P N O I T I N U M M A R A L T K D
T M A R A D A R K D A M A G E P B O E N I R N D D
D A C L E P I N E E R A C M A A N V G H C A E P L
L M E A L A P T C E T E D I R C I E I R L M M H E
C E D D D I T E L L U B G R A T R N B F A X D S I
A N N F I A A D A J X N A R P B N B O M B C R I F
M T J O Y S V N I S X G B A E A A E R I A L A U R
O B E B I H D E C E E I C T Y H Q V T S A L B G I
U F A V R L C N R E N M R Y S A L E R T L Y M N A
F Y E Y I E A R I E B A E A V M G E L I T E O A D
L N V U O T A T A L Y F D N O N N A C F G R B X E
A L K L D N P C T N B L H Z T B O O B Y T R A P A
G E R U D N E A H A A E B U L L E T P R O O F K T
E D N E F E D T C N B E Z W L S I R B E D M V I A
```

BIOLOGY & CELLS

WORD SEARCH 91

Find the words in the grid. Words can go horizontally, vertically and diagonally in all eight directions.

```
L Y G R E L L A M H A P V B N E K Y C Y C L I C T
H B P K Q E C N A L A B N V N K N A N L D I L K W
J C H L O R O P H Y L L E Z T B O N N T E E L Q N
R P A D A P T A T I O N Y O C O I O Y C R C O I B
J E R L V B D A N R H M K A M T T I G N E O R X A
N B I O M E I R M B E Q Y N W A P T R I G S E K C
Z T J R T F M S A S Z D O T F N R U E T N Y T C I
H E S K R H A C E A A I H I Y Y O L N X A S S O M
N M V Y M A T U L C T L V B T R S L E E D T E H R
G B M T L E B I D A T J P O I O B O A P N E L E E
I R G Y R A M L L I K R R D V T A P L E E M O S H
N Y K I D E T I J L T M J Y A A G N L C R N H I T
E O A A N X M A N A T O M Y C D Q L N T B O C V O
B M L T E I B L C U C K R O R E K A A O A I B E X
K W A D S R L T Y X M I N Y C R P F I P C S C R E
J R B S A L O R B E W T M I Q P M P B L K O O Q A
Y N A N L N A B T S R M T E E Q P Y I A B R N A P
C J C L H N N Y I A N A U N D A P Y H S O E T M R
R H L B O I G R C C M G D G T N P R P M N N R E O
H E D R E O N T K O O A F H P H E L M R E R O D D
C B O T L L I K R L G L O Q M C I T A U Q A L E U
N C O O R O G H A E X G L L S U O R O V I N R A C
Y R I Z N Y C N Q R E A H M A T R O P H Y L V Q E
P B L Z V A A W V N K E L C I T A M O R H C H W R
F C O L L A G E N R E H T A E R B E C O L O G Y F
```

Absorption	Analogue	Atrophy	Bisect	Cholesterol	Ecology	Erosion
Achromatic	Anatomy	Auditory	Botany	Chromatic	Ecosystem	Exothermic
Adaptation	Ancestor	Backbone	Branch	Cilia	Ectoplasm	Extinct
Aerobic	Antibody	Bacteria	Breathe	Cohesive	Edema	Pathogen
Algae	Appendage	Balance	Carnivorous	Collagen	Embryo	Plasma
Alimentary	Aquatic	Barrier	Catalyst	Contraction	Endangered	Pollution
Allergy	Arboreal	Benign	Cavity	Control	Endemic	Predator
Amoeba	Asexual	Biology	Cell	Coronary	Energy	Producer
Amphibian	Assimilation	Biome	Chlorophyll	Cyclic	Enzyme	Protein

WORD SEARCH 92

Find the words in the grid. Words can go horizontally, vertically and diagonally in all eight directions.

```
C N C A R N I V O R O U S Q D A Z E D C L G M R W
O M E O A B K R C I T A U Q A R U T C L Y L T L G
H W R C N R I J Y G R E L L A G C D E I L N M A C
E B Q E T T K S Q C B K W M O I B C I T L K C U O
S A P J I O R R E N W Q L L T R P L A T V I R X R
I C B R B R P O T C Q M A A A Y L Y W B O J A E O
V K W N O D R L L G T N M N G Y A M G N E R B S N
E B G B D K C A A B A O C O H T V N O O Q O Y A A
W O N B Y B I A B S R H L P Y B O I C C L Z M F R
N N O O Y N T M J H M O O Y A I T A O E L O T A Y
G E I T T A A S C X I R C C T A L L C E S T C H V
I X T A I I M A K B O Y T U L I L E G R M T Y E A
N T P N V B O L N L C E L I M A N A E D T Y O X L
E T R Y A I R P H L R O M E G D M U E R T Q Z R G
B E O E C H H C I I V I N E E E Q T M R O N T N A
J T S N P P C C A E S T N M D Z L J S M O S F F E
M I B E O M R M A S A T I E K K Z G G Y O B I W Y
E S A R L A C P A R K C P L A N K T O N L C R O N
T A M G L W P P Y R A M I D E C N A L A B A M A N
S R E Y E E Q Y M L A D A P T A T I O N P F T D G
Y A N R N L O R E T S E L O H C A N A T O M Y A L
S P L D O E H T A E R B N O I T C A R T N O C L C
O P A R F B B R R E M B R Y O R A T R O P H Y N X
C G T L M T I C H R O M O S O M E N B N X T V Q K
E R N O I T A C I F I S S A L C B Q Z B I O M E X
```

Absorption	Analogue	Atrophy	Bisect	Cholesterol	Control	Energy
Achromatic	Anatomy	Auditory	Botany	Chromatic	Coronary	Enzyme
Adaptation	Ancestor	Backbone	Branch	Chromosome	Cyclic	Erosion
Aerobic	Antibody	Bacteria	Breathe	Cilia	Ecology	Evolution
Algae	Appendage	Balance	Carnivorous	Classification	Ecosystem	Parasite
Alimentary	Aquatic	Barrier	Catalyst	Cohesive	Ectoplasm	Plankton
Allergy	Arboreal	Benign	Cavity	Collagen	Edema	Plasma
Amoeba	Asexual	Biology	Cell	Community	Embryo	Pollen
Amphibian	Assimilation	Biome	Chlorophyll	Contraction	Endemic	Pyramid

WORD SEARCH 93

Find the words in the grid. Words can go horizontally, vertically and diagonally in all eight directions.

```
T Z C A R N I V O R O U S N K N W E C O L O G Y F
F P Y R A M I D C I T A U Q A O Y Q H Y T H Y B C
Z R K T A R E C T O P L A S M I W L T N Q G T I N
Z O K Y F U M T C O N V O L U T I O N L O F T Y G
A T Y R B W D E H T A E R B R P L N N L T A L M I
Y E G A A M N I P O R T I O N R R E O G M L A Y N
R I R N C A N A T O M Y M Z N O A I D O L N U T E
F N E O K K A T R O P H Y H A S B N R E O W X I B
L M N R B C N E G O R T S E I B C H C I M A E V P
D A E O O I T T P L G Y N T B A C H T E L A S A L
E B E C N R C Y G R E L L A I A L A R I S C A C A
R C Z R E M O S O M O R H C H Z L O M O I T R Y T
E I C M O P G B X N M E B N P I K E R L M N O N E
G L C L O B A J O M P R E K M P N E C T O A O R L
N I R L J C R I M I A U Q I A T X Y J I N T T T E
A A L E T C T A D N G B S H A T C A S A K O W I T
D E L E I U L E C O J S F R I C P O C N N L C R C
N T R B L R R H L G A V Y N O P R O A T B I O M E
E I S O Z M R A H M Z B C H E E L L L I K T P R Z
A P V Y I V N A C K M T E N B L P Z G B B V L Z E
H E V S L A M H B Z C S D O A I Q W A O O P A W M
A D A P T A T I O N I A R G M G S R E D T X S T B
J P Z V W F T G K V G R E T Q A N E W Y A F M C R
C I M E D N E A E E D N P L V G Y F C N N B A Y Y
E M Y Z N E L Z C K L J E C N A L A B T Y G N R O
```

Absorption	Anatomy	Backbone	Breathe	Control	Energy	Pollen
Achromatic	Ancestor	Bacteria	Carnivorous	Convolution	Enzyme	Portion
Adaptation	Antibody	Balance	Catalyst	Coronary	Epidermis	Protein
Aerobic	Appendage	Barrier	Cavity	Cyclic	Erosion	Pyramid
Algae	Aquatic	Benign	Cell	Ecology	Estrogen	
Alimentary	Arboreal	Biology	Chromatic	Ectoplasm	Evolution	
Allergy	Asexual	Biome	Chromosome	Edema	Extinct	
Amoeba	Assimilation	Bisect	Cilia	Embryo	Plankton	
Amphibian	Atrophy	Botany	Cohesive	Endangered	Plasma	
Analogue	Auditory	Branch	Collagen	Endemic	Platelet	

WORD SEARCH 94

Find the words in the grid. Words can go horizontally, vertically and diagonally in all eight directions.

```
N L B M K D C A Y V A I L I C V Q B A N A T O M Y
C K A J L T G G B M W Q L T N O I T C A R T N O C
J H N E R R O R E E C O R O N A R Y B I O M E V O
G R R M R L K T T H O H E A D A P T A T I O N T L
W B N O O O S H R A K M E C N A L A B J N Y F H L
B T I I M Y B O R B U N A A O P Y Z P K T R C N A
A X B S S O M R A E O D L Q N L N R M L Q B V O G
C T L O E A S C A I I I I L M C O M N X J M Y I E
K K C K T C T O T X M R T T O R E G P P Q E D T N
B E Q I G E T A M E X N R S O R L S Y F B C A P R
O M C F R L L E N E Y J P A Y R T L T R R O N R F
N Y C I F I U T Z C T Y E A B L Y N A O C M T O E
E Z A K M G A C W A I A R M F N A N O I R M I S L
M N X I O R N H B R V L M S G W C T T C R U B B B
P E S L Y E A O V N A G E A W H D A A T H N O A A
H S A L R C I L L I C A A L L D M P R C K I D H C
A N L G R T B E A V J E B P E O P H A N N T Y M I
A E N Q Y O I S U O R D L D R E C Z W E D Y M N N
C N G B G P H T X R W N E H N I D I M A R Y P K U
D D I O R L P E E O L M C D L E V I S E H O C K M
L E N T E A M R S U A A A C A T R O P H Y Y B L M
X M E A N S A O A S T G Y C I T A U Q A P M Q I O
D I B N E M W L J Q E C Y G R E L L A F V X T K C
L C V Y N O I T A C I F I S S A L C N O I T R O P
N O I S O R E E H T A E R B C H L O R O P H Y L L
```

Absorption	Analogue	Atrophy	Bisect	Cholesterol	Contraction	Endemic
Achromatic	Anatomy	Auditory	Botany	Chromatic	Control	Energy
Adaptation	Ancestor	Backbone	Branch	Chromosome	Coronary	Enzyme
Aerobic	Antibody	Bacteria	Breathe	Cilia	Cyclic	Erosion
Algae	Appendage	Balance	Carnivorous	Classification	Ecology	Permeable
Alimentary	Aquatic	Barrier	Catalyst	Cohesive	Ecosystem	Plasma
Allergy	Arboreal	Benign	Cavity	Collagen	Ectoplasm	Portion
Amoeba	Asexual	Biology	Cell	Communicable	Edema	Pyramid
Amphibian	Assimilation	Biome	Chlorophyll	Community	Embryo	

WORD SEARCH 95

Find the words in the grid. Words can go horizontally, vertically and diagonally in all eight directions.

```
N C E L L T W P Y P Y C N A A B E V O L U T I O N
C F E B K P L G B G A O K N L J C I T A U Q A M N
H T M N D X O A O L I P C T G C N E G O R T S E A
O S Y H L L C L I T V H J I A E C T O P L A S M I
L Y Z F O T O M A N R V R B E C Y C L I C N N C B
E L N C E I E L Y O T C E O L B X V T T D K O M I
S A E R B N I T M P O U Z D Y G R E L L A C I N H
T T I M T M I O K N G L N Y R C D Y M T H Y T G P
E A P A I V S Y T O K E X T I N C T C R W T P I M
R C R S A O B R L M Q C I M R E H T O X E I R N A
O Y S C M R O A D A P T A T I O N M B T M N O E L
L A Y E A L N Z N K N E C N A L A B L W B U S B A
R P V N P A T R O P H Y C L H T N A A C R M B P I
B L C C O N T R A C T I O N I N W Q U W Y M A L T
O H T V Q S C T Z H T R A C R P O A X D O O P A N
T C X H L I U N M A J P B A V T Y I E Y I C R S E
A B F A M R E O M L P R A K N E L R S R G T T M S
N J I E B G E O R E Z P C R V C V A A O O R O A S
Y M D S A E R I N O O H K E A C E I E M R B E R E
K N R L E H O D R L V J B F D S I S S R I E I N Y
E K L B C C A M L R B I O M E E I L T E O D L C E
Y O X A F G T E A W A R N F Y N M T I O H B P T N
C D E R E G N A D N E B E R M B J A E A R O R V P
X N L L Y H P O R O L H C Z A A N A T O M Y C A P
P R E S S U R E E H T A E R B C O R O N A R Y H N
```

Absorption	Anatomy	Backbone	Breathe	Cohesive	Embryo	Extinct
Achromatic	Ancestor	Bacteria	Carnivorous	Collagen	Endangered	Parasite
Adaptation	Antibody	Balance	Catalyst	Community	Endemic	Plasma
Aerobic	Appendage	Barrier	Cavity	Contraction	Energy	Pollen
Algae	Aquatic	Benign	Cell	Control	Enzyme	Pressure
Alimentary	Arboreal	Biology	Chlorophyll	Coronary	Erosion	Pyramid
Allergy	Asexual	Biome	Cholesterol	Cyclic	Essential	
Amoeba	Assimilation	Bisect	Chromatic	Ecology	Estrogen	
Amphibian	Atrophy	Botany	Chromosome	Ectoplasm	Evolution	
Analogue	Auditory	Branch	Cilia	Edema	Exothermic	

WORD SEARCH 96

Find the words in the grid. Words can go horizontally, vertically and diagonally in all eight directions.

```
M E T S Y S O C E A Y A M S A L P L T C N I T X E
V X P M C C E L L T U A N A T O M Y A O D Y L G X
B I O M E H T Z I K V D M O R Z Q N I E B C C M C
Y T M H P M L V C R R Y I C I T Y T E A R Y G N M
P O L L E N A O L V G E H T D T A T C N C O A X A
L Q K G D C L W R O A R I M O L U T I L D P B L Q
E C I T A U Q A L O O I C R I R E L I N P E I R C
V N N J C B A O S M P I L M R R Y C O E U M M E A
I O T A F O I B A U T H I I I A V X N V E M M I N
S I Q P E B N T E A O S Y A C E B D L N N B M I C
E T T W K R I T M O S R K L U M A L T K R O E O T
H A A N T C O O R A M B O G L G M A G Y B T C T C
O C E N V Z R B A A R A O V E Q R U O Y O S Q Z C
C I N G C H B M I A C L N X I Y R X V R T Y C R D
P F Z B C E E I N C A T A M R N X E P N A L H D B
L I Y A W D S C S N M L I R H Q R S Q O N A O R A
A S M D E Q H T A E O C B O Z G C A E I Y T L K C
N S E K J B M C O R C T I T N Z O T C T N A E N K
T A T R O P H Y T R J T H A O A R X O P Y C S G B
I L V P Z K M N T R L W P D I L O F L R G P T I O
B C C G E R O S I O N M M E T G N K O O R F E N N
O D N M E C N A L A B Z A R R A A L G S E P R E E
D E M O S O M O R H C G M P O E R R Y B N K O B W
Y X V K C O L L A G E N X V P R Y Z K A E M L V C
H Y G R E L L A A D A P T A T I O N E H T A E R B
```

Absorption	Analogue	Atrophy	Bisect	Cholesterol	Control	Energy
Achromatic	Anatomy	Auditory	Botany	Chromatic	Convolution	Enzyme
Adaptation	Ancestor	Backbone	Branch	Chromosome	Coronary	Erosion
Aerobic	Antibody	Bacteria	Breathe	Cilia	Cyclic	Extinct
Algae	Appendage	Balance	Carnivorous	Classification	Ecology	Plasma
Alimentary	Aquatic	Barrier	Catalyst	Cohesive	Ecosystem	Pollen
Allergy	Arboreal	Benign	Cavity	Collagen	Edema	Portion
Amoeba	Asexual	Biology	Cell	Community	Embryo	Predator
Amphibian	Assimilation	Biome	Chlorophyll	Contraction	Endemic	Protein

WORD SEARCH 97

Find the words in the grid. Words can go horizontally, vertically and diagonally in all eight directions.

```
K E N Z Y M E H S U O R O V I N R A C T G K C C W
A E N D A N G E R E D A A N A T O M Y V X T O I P
P S A U D I T O R Y P P R O T E I N T L E M R M R
N C S F M E C T O P L A S M R V C E C A X C O E O
M E I I P L A T E L E T N B T E P G H U T I N D D
T F G L M L L N B Y N C K G C F I O M X I L A N U
G S L A I I D N R X O A Y Q J G T R R E N C R E C
O W Y D L A L L L N I L B I O M E T R S C Y Y I E
A Y Y L G L L A T N T G L L G T F S Z A T C T M R
Q E R E A E O R T A P A X Q A P L E C Y B A V N C
L E R B C T O C N I R E Y G R E L L A P M B C G L
F P C O M L A Z X B O N R M J H R L M O L A O I X
B H T O B E B C B I S N V A T B O O R V E C H N K
B Z K G L I L A V H B G N J N R I H B U N K E E Y
A A G E Q O C N B P A W A O E C C S G R K B S B T
N J B C R T G R N M M L N T I A E O E Y A O I Y I
T J K E E O A Y R A I Q S Y X T L S H C T N V Z V
I X Z R O N S N P M Y E G P P A R P T E T E E M A
B T I K C M O I E G L R M L N Z O O D O X X K B C
O A B H Z T A N O O E V A A W R H E P Y R A M I D
D Z O J K J T L H N Z S T G T M M E H T A E R B P
Y G T N X A O C E R M Q W A M A C I T A U Q A N J
K C A Z R I C A D A P T A T I O N Q K N E L L O P
P L N Y B C H R O M A T I C C H L O R O P H Y L L
P Z Y R M T X E C N A L A B L Y T I N U M M O C P
```

Absorption	Anatomy	Backbone	Breathe	Collagen	Endemic	Portion
Achromatic	Ancestor	Bacteria	Carnivorous	Community	Energy	Producer
Adaptation	Antibody	Balance	Catalyst	Control	Enzyme	Protein
Aerobic	Appendage	Barrier	Cavity	Coronary	Erosion	Pyramid
Algae	Aquatic	Benign	Cell	Cyclic	Estrogen	
Alimentary	Arboreal	Biology	Chlorophyll	Ecology	Extinct	
Allergy	Asexual	Biome	Cholesterol	Ectoplasm	Plankton	
Amoeba	Assimilation	Bisect	Chromatic	Edema	Plasma	
Amphibian	Atrophy	Botany	Cilia	Embryo	Platelet	
Analogue	Auditory	Branch	Cohesive	Endangered	Pollen	

WORD SEARCH 98

Find the words in the grid. Words can go horizontally, vertically and diagonally in all eight directions.

```
L A M N O T K N A L P A L J J C B E N L E Z N P C
C G U T H P X E C N A L A B L R N E O U D T T Y O
X W B D O T J F Y J Y G Y F A E G R G C B A C R N
C H A L I J P G M H N A G N R O T O A A L I C A T
R A L E P T O T P R O E C G R N L T C I T P H M R
A E R K R L O O G E I H Y T O A A T M A L M R I A
N B K N O O R R A M T X S C N L E E M A T N O D C
T O D I I O B P Y B P E N A Y R N O S B D G M N T
I T B V L V P I V R R N L S I T R M T X B I A A I
B A M H A E O Q C Y O V T A A H A R P R C N T I O
O N C D N N W R G O S T J R C Y R R P G V E I B N
D Y J D L L C M O V B E Y A Y G R E L L A B C I B
Y G A Q A L C E R U A Y N L A I T N E S S E Z H A
N G E M U E B L S E S O G Z A N O I T U L L O P C
E E C E X C M I L T I A C O Y E A T R O P H Y M K
E P O N E W G T S T O R B T L M R P R E M F D A B
M I S D S R Z Z A E Q R R E R O E O W N D B G J O
O D Y E A G T L T L C Y Z A O M C W B N D E R L N
S E S M G M I V L P M T T M B M K E K R M K M J E
O R T I N M D C O M M U N I T Y A C I T A U Q A L
M M E C I E H T A E R B M P V C T W A I L I C C R
O I M S A D A P T A T I O N F A Y R A N O R O C M
R S S D C Y C L I C D B I O M E C O L L A G E N R
H A C O H E S I V E P N R A N A T O M Y R P N P F
C D W C L C H O L E S T E R O L M S A L P O T C E
```

Absorption	Analogue	Atrophy	Bisect	Cholesterol	Coronary	Enzyme
Achromatic	Anatomy	Auditory	Botany	Chromatic	Cyclic	Epidermis
Adaptation	Ancestor	Backbone	Branch	Chromosome	Ecology	Essential
Aerobic	Antibody	Bacteria	Breathe	Cilia	Ecosystem	Estrogen
Algae	Appendage	Balance	Carnivorous	Cohesive	Ectoplasm	Plankton
Alimentary	Aquatic	Barrier	Catalyst	Collagen	Edema	Plasma
Allergy	Arboreal	Benign	Cavity	Community	Embryo	Pollen
Amoeba	Asexual	Biology	Cell	Contraction	Endemic	Pollution
Amphibian	Assimilation	Biome	Chlorophyll	Control	Energy	Pyramid

WORD SEARCH 99

Find the words in the grid. Words can go horizontally, vertically and diagonally in all eight directions.

```
S E N D E M I C K X B C I T A U Q A H Y G R E N E
I N C N H C L J B N O I T A C I F I S S A L C W Y
M E O O R L O A L Z T Q L L Y B I O M E Z C B G D
R L M I P A C L J L A F O E H T A E R B B B O Y A
E L M T A T M P O L N C R V C Y C L I C R L R P M
D O U P E U F E I G Y Y E Y N B G J Y A O A P T Z
I P N R P R D M D Q Y T T D A A G D N I N E N L E
P Y I O K L E I X E V I S E I C C C B O N E L U C
E A T S K N B N T B L V E R B K H F R D M E G Y A
C H Y B T D L I Z O X A L E I B R O A N C O L K R
L H H A P S R A S Y R C O G H O C G O T L N C V N
C O R T A P Y E E E M Y H N P N E R R A O B I N I
O Y R O A N A L I R C E C A M E I D N I C E T O V
M P L T M B C E A R O T N D A V P A T I C A A I O
M M R C N O E E R T R B N N N H H A T O E N M T R
U K H Z G O S O S O A A R E P C L A S V E T O C O
N G M P I G C O M T B C B A L I M Y I R T I R A U
I N H C N L T X M A O I F Y M O S S O L A B H R S
C Y G R E L L A N E L R C I R T E S X A L O C T T
A D X M B L L K B B K I S H E H I R Q U G D B N C
B E C N A L A B T M L S C M O O L G L X A Y G O N
L L D N W Z M Z P I A A L C N R H T L E E P Z C I
E K X D Q R A D A P T A T I O N P R E S S U R E T
G Z A T R O P H Y E M B R Y O L N E G A L L O C X
R V Q A N A T O M Y M T C H L O R O P H Y L L W E
```

Absorption	Analogue	Atrophy	Bisect	Cholesterol	Contraction	Endemic
Achromatic	Anatomy	Auditory	Botany	Chromatic	Control	Energy
Adaptation	Ancestor	Backbone	Branch	Chromosome	Coronary	Environment
Aerobic	Antibody	Bacteria	Breathe	Cilia	Cyclic	Enzyme
Algae	Appendage	Balance	Carnivorous	Classification	Ecology	Epidermis
Alimentary	Aquatic	Barrier	Catalyst	Cohesive	Ecosystem	Erosion
Allergy	Arboreal	Benign	Cavity	Collagen	Edema	Extinct
Amoeba	Asexual	Biology	Cell	Communicable	Embryo	Pollen
Amphibian	Assimilation	Biome	Chlorophyll	Community	Endangered	Pressure

WORD SEARCH 100

Find the words in the grid. Words can go horizontally, vertically and diagonally in all eight directions.

```
E  M  O  S  O  M  O  R  H  C  L  W  C  H  R  O  M  A  T  I  C  N  W  M  F
N  T  D  A  T  R  O  P  H  Y  V  N  W  Y  K  A  N  A  T  O  M  Y  X  N  J
E  C  M  B  P  O  L  L  E  N  E  T  G  A  D  A  P  T  A  T  I  O  N  E  L
G  N  K  O  T  L  J  M  C  U  B  O  L  C  B  P  O  Y  R  B  M  E  D  G  L
A  I  F  T  L  A  C  A  G  I  L  I  C  K  A  B  L  E  V  I  S  E  H  O  C
L  T  V  A  W  M  W  O  B  O  M  I  T  E  L  E  T  A  L  P  M  M  X  H  N
L  X  G  N  L  S  L  P  I  E  L  E  N  H  G  Y  C  I  T  A  U  Q  A  T  J
O  E  G  Y  Z  A  W  B  N  C  O  O  D  Q  A  T  T  Y  E  C  N  A  L  A  B
C  A  N  D  N  L  Y  T  Y  N  I  M  Y  N  E  Q  N  S  Z  B  P  C  C  P  K
L  N  G  A  D  P  A  C  K  T  Q  E  A  K  E  Y  R  B  Y  P  B  I  Y  B  P
A  T  I  C  G  R  N  N  A  T  L  M  Y  G  R  E  L  L  A  L  T  L  A  R  A
U  I  N  H  Y  J  O  L  K  L  L  Y  J  B  I  O  M  E  N  A  A  C  O  P  P
X  B  E  O  L  M  I  W  E  N  N  Z  K  L  K  P  L  T  M  T  T  T  P  D  N
E  O  B  L  A  M  T  C  B  T  R  N  A  Q  M  K  J  O  Y  E  E  E  A  C  L
S  D  N  E  I  D  P  F  A  N  Z  E  C  U  W  A  R  B  R  I  N  J  O  C  B
A  Y  Q  S  T  M  R  Y  C  A  D  T  G  M  D  H  E  I  N  D  W  N  R  R  D
E  P  S  T  N  H  O  G  K  I  A  N  N  R  C  I  A  R  A  C  T  T  A  Y  E
C  A  Y  E  E  F  S  R  B  B  L  N  Y  A  E  N  T  G  O  R  I  N  N  T  C
T  R  K  R  S  G  B  E  O  I  I  A  C  R  E  I  E  O  O  B  C  L  O  I  O
O  A  R  O  S  K  A  N  N  H  M  S  E  E  A  C  R  L  R  H  I  H  I  V  S
P  S  V  L  E  Q  M  E  E  P  K  Y  E  R  S  N  O  R  F  Y  M  C  S  A  Y
L  I  C  Y  T  I  N  U  M  M  O  C  K  C  O  T  O  L  A  Z  P  Q  O  C  S
A  T  E  H  T  A  E  R  B  A  N  R  M  D  T  B  O  R  O  B  V  L  R  L  T
S  E  P  G  L  L  Y  H  P  O  R  O  L  H  C  W  R  R  O  G  D  W  E  N  E
M  C  A  R  N  I  V  O  R  O  U  S  T  M  G  T  D  A  Z  C  Y  J  N  L  M
```

Absorption	Analogue	Atrophy	Bisect	Cholesterol	Cyclic	Erosion
Achromatic	Anatomy	Auditory	Botany	Chromatic	Ecology	Essential
Adaptation	Ancestor	Backbone	Branch	Chromosome	Ecosystem	Extinct
Aerobic	Antibody	Bacteria	Breathe	Cilia	Ectoplasm	Parasite
Algae	Appendage	Balance	Carnivorous	Cohesive	Edema	Pathogen
Alimentary	Aquatic	Barrier	Catalyst	Collagen	Embryo	Plasma
Allergy	Arboreal	Benign	Cavity	Community	Endemic	Platelet
Amoeba	Asexual	Biology	Cell	Control	Energy	Pollen
Amphibian	Assimilation	Biome	Chlorophyll	Coronary	Enzyme	Protein

SOLUTION

WORD SEARCH 91

WORD SEARCH 92

WORD SEARCH 93

WORD SEARCH 94

WORD SEARCH 95

WORD SEARCH 96

WORD SEARCH 97

```
K E N Z Y M E H S U O R O V I N R A C T G K C C W
A E N D A N G E R E D A A N A T O M Y V X T O I P
P S A U D I T O R Y P P R O T E I N T L E M R M R
N C S F M E C T O P L A S M R V C E C A X C O E O
M E I I P L A T E L E T N B T E P G H U T I N D D
T F G L M L L N B Y N C K G C F I O M X I L A N U
G S L A I I D N R X O A Y Q J G T R R E N C R E C
O W Y D L A L L L N I L B I O M E T R S C Y Y I E
A Y Y L G L L A T N T G L L G T F S Z A T C T M R
Q E R E A E O R T A P A X Q A P L E C Y B A V N C
L E R B C T O C N I R E Y G R E L L A P M B C G L
F P C O M L A Z X B O N R M J H R L M O L A O I X
B H T O B E B C B I S N V A T B O O R V E C H N K
B Z K G L I L A V H B G N J N R I H B U N K E E Y
A A G E Q O C N B P A W A O E C C S G R K B S B T
N J B C R T G R N M M L N T I A E O E Y A O I Y I
T J K E E O A Y R A I Q S Y X T L S H C T N V Z V
I X Z R O N S N P M Y E G P P A R P T E T E E M A
B T I K C M O I E G L R M L N Z O O D O X X K B C
O A B H Z T A N O O E V A A W R H E P Y R A M I D
D Z O J K J T L H N Z S T G T M M E H T A E R B P
Y G T N X A O C E R M Q W A M A C I T A U Q A N J
K C A Z R I C A D A P T A T I O N Q K N E L L O P
P L N Y B C H R O M A T I C C H L O R O P H Y L L
P Z Y R M T X E C N A L A B L Y T I N U M M O C P
```

WORD SEARCH 98

WORD SEARCH 99

WORD SEARCH 100

```
E M O S O M O R H C L W C H R O M A T I C N W M F
N T D A T R O P H Y V N W Y K A N A T O M Y X N J
E C M B P O L L E N E T G A D A P T A T I O N E L
G N K O T L J M C U B O L C B P O Y R B M E D G L
A I F T L A C A G I L I C K A B L E V I S E H O C
L T V A W M W O B O M I T E L E T A L P M M X H N
L X G N L S L P I E L E N H G Y C I T A U Q A T J
O E G Y Z A W B N C O O D Q A T T Y E C N A L A B
C A N D L Y T Y N I M Y N E Q N S Z B P C C P K
L N G A D P A C K T Q E A K E Y R B Y P B I Y B P
A T I C G R N N A T L M Y G R E L L A L T L A R A
U I N H Y J O L K L L Y J B I O M E N A A C O P P
X B E O L M I W E N N Z K L K P L T M T T T P D N
E O B L A M T C B T R N A Q M K J O Y E E E A C L
S D N E I D P F A N Z E C U W A R B R I N J O C B
A Y Q S T M R Y C A D T G M D H E I N D W N R R D
E P S T N H O G K I A N N R C I A R A C T T A Y E
C A Y E E F S R B B L N Y A E N T G O R I N N T C
T R K R S G B E O I I A C R E I E O O B C L O I O
O A R O S K A N N H M S E E A C R L R H I H I V S
P S V L E Q M E E P K Y E R S N O R F Y M C S A Y
L I C Y T I N U M M O C K C O T O L A Z P Q O C S
A T E H T A E R B A N R M D T B O R O B V L R L T
S E P G L L Y H P O R O L H C W R R O G D W E N E
M C A R N I V O R O U S T M G T D A Z C Y J N L M
```